荣宏君 ｜ 著

成龙·
收藏人生

山东人民出版社

国家一级出版社 全国百佳图书出版单位

图书在版编目（CIP）数据

成龙·收藏人生／荣宏君著．—— 济南 ：山东人
民出版社，2016.6
ISBN 978-7-209-09288-3

Ⅰ．①成… Ⅱ．①荣… Ⅲ．①成龙－生平事迹
Ⅳ．①K825.78

中国版本图书馆CIP数据核字(2015)第265576号

成龙·收藏人生

荣宏君　著

主管部门	山东出版传媒股份有限公司	
出版发行	山东人民出版社	
社　　址	济南市胜利大街39号	
邮　　编	250001	
电　　话	总编室（0531）82098914	
	市场部（0531）82098027	
网　　址	http://www.sd-book.com.cn	
印　　装	北京图文天地制版印刷有限公司	
经　　销	新华书店	
规　　格	16开（169mm×239mm）	
印　　张	17	
字　　数	220千字	
版　　次	2016年6月第1版	
印　　次	2016年6月第1次	
ISBN 978-7-209-09288-3		
定　　价	39.00元	

如有印装质量问题，请与出版社总编室联系调换。

作者简介

荣宏君，青年画家，文化学者，1973年生于山东。幼喜翰墨，性近文史。少年负笈京华，拜师著名学者、文博大家史树青先生，习读书、学鉴赏；后又师随著名画家于志学先生赴青藏高原，入新疆大漠，访敖鲁古雅；美术史治学则师承当代著名美术评论家张晓凌先生。

现任中国作家协会会员、中国美术家协会会员、北京朔源文物鉴定中心特聘主任，在绘画之余从事文化史的研究。

近年来出版的著作有：

《王世襄珍藏文物聚散实录》

《季羡林说佛遗稿汇编》

《世纪恩怨 —— 徐悲鸿与刘海粟》

《文博大家史树青》

《竹墨留青——王世襄致范遥青书翰谈艺录》。

引　言

　　二十年前经人介绍，我在国内买了十间安徽的古建筑，本来想着找一块地，把老房子重新建好，让爸妈住。不料爸妈都在十多年内相继离开。这十栋包括厅堂、戏台、凉亭的徽派木建筑，便一直躺在仓库里成为白蚁的食粮。这些老建筑，是中国建筑艺术的精髓，如果不摆出来让人欣赏实在浪费。

2013-4-4　18∶38

　　（接上）十年前，我想把这些老房子捐给香港政府，作为展示用途，但和二届特区政府谈怎样拨地，但几年都没有谈出一个结果。可能有某些原因或者困难吧。两年前我跟一个新加坡朋友谈起这件事，他马上请我跟一位新加坡官员见面，那位官员马上为我在新加坡的科技设计大学找到一块地。

2013-4-4　18∶40

（接上）好让全世界的学生了解我们中国的传统文化和古建筑。我随即答应把十栋安徽古建筑中的四栋捐给他们。这次去新加坡，便到科技设计大学看看这些老房子的摆放进行得怎样了。大学里对徽派古建筑有研究的学者和古建教授向我介绍他们准备怎样摆放这四栋古建时，看着那些精致的模型和三维图样。

2013-4-4　18：43

（接上）镭射扫描，我才知道为了好好陈列这四栋老房子，他们已经做了周详的考证和周边环境的设计。这令我非常感动，几乎有冲动想把其余那六栋也捐给他们。跟学生和教授们道别时，我们还高兴地来个大合照。

2013-4-4　18：44

国际巨星成龙于 2013 年 4 月 4 日晚连续发出如上 4 条微博，就其多年来收藏的徽州古建无偿捐赠给新加坡科技设计大学一事向公众做出说明。本来以为这就是一条普普通通的新闻，没想到瞬间就引起了公众爆炸性的关注。一时赞扬者有之，批判者亦振振有词，随后成龙捐赠古建的事继续发酵，相关新闻也成了各大门户网站的头条。

同年 8 月 22 日，著名词作家王平久约我一起去拜访成龙。成龙一见到王平久就说起捐赠古建的事，并随手打开电脑里储存的徽州古建的照片，向我们耐心地一栋一栋地介绍这些老房子的来历，并诉说几十年来为保护这些古老的民族建筑付出的艰辛："二十多年前，我一砖一瓦地将这些即将被丢弃的老房子残件收集起来，那时候根本没有人关注这些老掉牙的建筑。我买了二十年，在仓库里修了十年，我一直像对待自己的孩子一样呵护它们，就想到有一天让它们恢复往日的光彩……"

当说到一些网民的不理解甚至谩骂时，成龙也不免有几分感慨和委屈。王平久忽然提议："大哥，宏君是研究传统文化的，让他给你写本书吧！把你这些年来是怎么从事收藏的事真实地介绍给大家，这样也能打消一些人的误解，另外还可以介绍和弘扬民族文化！"成龙与王平久是多年好友，王平久作词的许多脍炙人口的歌曲，诸如《北京欢迎你》《国家》《民生》等皆由成龙担任主唱，成龙对王平久颇为信赖。听到王平久的建议，成龙大哥毫不犹豫地回答："好呀！好呀！我把所有的图片都给你。"

成龙娓娓道来，讲述着徽州古建的前世今生。在他的带领下，仿佛跟随成龙进行了一次幽远深邃的中国传统文化之旅，走进了成龙的那颗痴迷古建保护的火热的心。

序一　感谢骂我的人

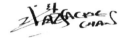

2013年上半年，我发了4条微博，宣布捐了四栋老房子给新加坡。这件事引起轩然大波。很多人可能以为我会后悔公布这件事，其实恰恰相反，当时我就是想要借助微博，看一看这件事情的反响。

我知道会有人拿这件事来攻击我，因为大家不了解其中的来龙去脉。他们只知道我有一些老房子，给了别的国家；我怎么有的这些老房子，为什么要去买这些老房子，一两句话是讲不明白的，至少要说一个小时吧，还要给大家看图片和视频资料才能说得清楚。后来我决定接受白岩松《新闻1+1》的访问，把这件事情的来龙去脉好好地说一说。

这个故事的起源，是很多年前我爸爸终于要回国了。我说回国后你住四合院最好了，就让我的助理去找四合院。找了一个地方又一个地方，要么是巷子太窄，没有停车位；要么是没有室内厕所，没有冷气、暖气等；

总之就是觉得不够好。那时候四合院还很便宜，大概 50 万到 100 万。我的朋友就说，不如这样子，买一些现成的旧房子你自己去盖怎么样？我说也好啊。他们说我们去帮你找找看。开始他们找了一栋，要价 9000 块。才 9000 块，但是呢，所有柱子都烂掉了，修都没法修，所有值钱的比如牛腿都卖掉了，整个房子只剩下一条横梁。我 9000 块就买了一根横梁（笑）。后来又分别以 10 万、15 万、45 万、100 多万的价格前前后后买了十几栋房子，买了之后就在上海搞了一个仓库，请了一大帮工人来负责洗刷维修。

那些房子很大一部分是这样，主体的大梁框架等还是原来老的，但是我要为此投资新做很多东西。比如哪里的头不见了，我就得把头补上去；如果这个是樟木的，我还要用樟木的旧木补上去。先把它拆下来，拆下来之后运到上海，一根一根拿出来洗、泡、修，再摆在那边，整栋修好之后，再晾起来给我看。光是每一根木头就要泡 15 分钟的药水，而且需要工人戴着手套，再伸到药水里面去，一直滚动那根木头，连续滚动 15 分钟，可想而知这是一个多么费时费力的大工程。

20 年来，这些房子摆在那边，我每天都着急该怎么办，看见它们给白蚁蛀，没有地方摆，每一次搬迁都是个非常大的工程，看着它们腐烂，还要维修再维修，这也是一个很大的压力和负担。花了多少钱，更是已经算不清楚了。一两年的时间才能维修一栋，完了之后搭起来给我看，再画号码，然后拆下来寄到香港给我。寄到香港，我没有地方摆。主梁、冬瓜梁、横梁，就摆在一个很好的仓库，其他那些外木，就摆在一个很远的地方。这么多年就是这样，弄一栋，搬过来，再弄一栋，再搬过来。

选择新加坡的原因很简单，就是他们的诚意。

几年前，我在新加坡买了一些老房子，是那种英式的建筑，没有投资价值的那种老房子。当时新加坡官员过来说谢谢，说看来你很喜欢老房子，我说对，其实我还有一些更老的在中国内地。刚巧当时那些资料我都带着，就拿给他们看，也跟他们说我一个人负担这些古屋的照顾和维修，压力蛮大的。她看完就问，你能不能让我试试看想想办法，我说好啊。她把资料拿去，不到一周就说有块地可以送给你，位置在新加坡科技设计大学，你可以把古屋搬过来，我们负责搬运、维修和所有的费用。他们愿意把它做成文化交流的形式，在整件事情里给我很大的自由度。等我看到他们给我的具体反馈，就觉得很感动，他们那种保存、维修、电脑扫描、种种资料的收集和准备，都太用心、太专业了，人家真的把这些当成宝，真心地希望摆在他们那边，去思考怎么弄好每一个细节，这样的态度太难得了。

这是 5 年前发生的事情，那时候我处在一个有点特殊的心理状态中，觉得自己年纪越来越大，不知道哪天忽然就不在了，所以急着想把我所有的东西都捐出去，能给的都给出去。新加坡可以政府担保，又把古屋落在学校里作为文化交流，这让我很放心，当时我就马上选了四栋给他们。这个新加坡科技设计大学很有名的，我听说自从有了这个大学，很多东南亚的学生就不到纽约了，都去这个大学留学。

我离开新加坡之后，他们马上派了旅游部长和文化部长带着专业团队过来，你能看得出他们真的是很当一回事。所有那些文物保护人员、所有的工程人员全部来香港挑，给我拿出了很好的解决方案。他们的团队中学习古建筑的那些人学问都很好，你在旁边听一听都会听傻了，他们实地考察之后就能说出我的这个地方缺什么，那个地方少什么。这样老房子的复原，需要学习中国的工艺，他们愿意跟中国的工匠一起合作，就在中国招标，找最好的人来修复。

如果你问我，自己辛辛苦苦搜集，多年来花了大量的人力、物力在维护的东西无偿捐出去，我会不会舍不得？我是真的舍不得，但是当我看到人家新加坡那种认真和珍惜的态度，每一样东西拆开，人家来包装好，然后运到新加坡，在大学里专门空出一个大场地，搭一个大库房，把每一根木头拿出来做记号，再维修、电脑扫描，每一根木头上，都撒上防虫粉，还有风扇吹着它，我就觉得自己的决定是正确的。我现在还在国内找一些新的石雕送给他们，要做就做全套。我跟他们讲的是，希望做一个"中国文化交流园"，这也会对世界文化交流有帮助。不一定要把东西拿回来才爱国，不只是这样子，我现在也要不断把文化外放，让人家了解我们中国文化，这就一定要把一些东西拿出去，只要这些东西不是唯一的国宝。唯一的国宝，比如十二生肖兽首，这种的我们就一定要拿回来。

这四栋房子必须留在新加坡，因为我讲话不能不算数，我讲过要给那就一定要给，而且我很放心，这四栋房子，在新加坡会永久保存。他们会保存得很好，你看他们怎么样去保护他们现有的那些文物，你就会明白，他们做得真的非常好，我对他们有信心。

一些网友说，成龙不是天天说爱国吗，怎么这四栋房子不留在国内呢？

其实我最早想到的是要捐给香港，但是最终没有成功。在香港，我的

成龙与新加坡科技设计大学工作人员协商古建捐赠一事

成龙在香港库房整理捐赠给新加坡的老房子构件

修复后搭建好的双层凉亭（捐赠新加坡的古建之一）

家本身就是一个旅游景点，每天我全世界的那些影迷，在外面叮咚叮咚地敲门。于是我就想，不如我就做一个旅游景点，把我所有的东西捐出去，比如古屋摆在这边可以做一些乡村石洞，可以有一个博物馆，我把所有东西都摆在那边，可以参观。

为了我说的这些房子，我已经跟两位特首见过面，喝过咖啡。我说我希望留点东西，我也知道他们的顾虑和担心社会舆论的压力，比如说为什么没有给李小龙做类似的东西，为什么没有给张国荣、梅艳芳去做，为什么只给成龙做？我了解他们的担心，怕怎么做都是错，所以最好不做。以香港现在的环境，给我地，会被骂；我把房子拿走，也会被骂。况且香港地少人多，也不可能给我 15 亩地去做这个工程。开始他们说要给我放在海洋公园，我说如果是这样的话，我希望到晚上游客走了，我自己一定要能够进来。他们说这个不行，我就很郁闷，我都捐了房子我还不能进来看。我就问我在里面有个自己的办公室行不行，办公室作为我的工作地点。比如说房子我要去换东西，今天换一下这个，明天看看有什么东西不对，可以换换那个，他们讨论了一个月后也说不行。我就想我自己已经花了那么多钱买这个房子，我捐出来，总要有 个权利吧，他们就还是在讨论，没有结论。后来又说要给我一个公园，我看又不行，原因就是太小，我又想自己去申请租地，最后也没有成功。终究我也不懂这些东西，尽管我跟香港一些官员讲过，也跟特别行政区政府谈过几次，还是不行。在我心里也觉得，这样真的很可惜，我生在香港，成名在香港，但最后香港没有成龙任何一样东西。我拍戏几十年的那些道具，现在也是放在上海的成龙艺术馆里。

我也试过跟内地的机构谈。在宣布这四栋房子给新加坡之前，我已经跟不同的人谈过不止一次，但是没有一个真心诚意地想要把这件事情做好。他们要么想的是把这些东西商业化去开发地产赚钱，要么就是嘴上说得好听但实际上置之不理。每次都是等我要落实的时候才发现，人家是以地产项目来把我勾进去，做个成龙什么什么园的，我在这边摆一个"成龙园"的和平园，旁边他们就有别墅区准备要销售，这算什么？这样，即便事情做成了，我还不是又给人家骂？我就退了。被糊弄得多了，我自己也慢慢学会判断，很多人希望我把房子放在他们那里，首先我会去看他们有没有把他们本身现有的文物保护好，这是一条很重要的衡量原则。如果他们做到了，那我会对他们有一个基本的信任。总之，我要看他们是利用我去谋利的成分多，还是真心希望保护文物的成分多。

自打我发了微博，宣布四栋给新加坡，大家就开始格外关注，愿意跟我坐下来谈的机构也一下子多了起来。这样恰好说明我用的方法是有效的。其实国内那么多老房子，我真的希望各地政府能重视起来，好好地去思考怎样才能更好地保护它们，比如各地政府可以有一笔基金去专门做这件事。平时我世界各地跑，去法国小镇、意大利小镇、德国小镇，可以看到人家几百年前的古建筑，都保护得特别好。现在我们国内这种保留着原貌的小镇真的很少了，毁的毁，卖的卖。我收的那些老房子，你看照片就知道，有些梁、牛腿等已经没了，早就已经被拆去卖了。因为我这个行动，引起内地政府和人们的关注，我其实非常开心，我很愿意呼吁更多人去爱护我们的这些文物，把原有的那些保护好，让所有的民众和外国的旅游者也看到原汁原味的中国小镇。

现在跟北京这边谈得比较有进展了，方向也已经比较清晰，不会出现我担心的那种商业行为。现在初步定的是放在一个公园那边，把它做成一个"成龙和平园"，既有环保元素，又有文化元素，它不单纯是我自己的一个博物馆，而是包含世界各地文化的东西，也会有人在那里讲课，可能过年的时候会安排一个敲钟盛典，我希望把这个公园弄好。

这些东西在当年我买的时候，都放在原来的地方风吹雨淋不被重视，如果不是我买来，很多可能现在已经坏掉了。其实刚开始我买的时候，没有认为这是一个国宝我才要把它买下来，这些几乎都是 20 年前买下来的。那时候也没有人去说这是历史古建筑，需要保护啊等等。只是因为现在我的身份，大家才开始关注这些。现在这些老房子在新加坡已经完成。关于很多人争议的"老房子到底是不是文物"这件事，我也专门跟国家文物局的人咨询过，我买下的这些东西是过去一些有钱人的民居，它们的工艺很美很少见，是很有中国文化韵味的建筑物，但并不算是文物。

十多栋老房子，捐给了新加坡四栋，剩下的这些，有一部分我会捐给北京，一部分可能捐给国内其他地方，2200 万拍卖了一栋，也依然希望留两栋在香港，我真的很想找一个机会，留一些东西在香港。当年爸爸妈妈在世的时候，我着急，不知道几时才能维修好，几时才能让他们住进去。后来妈妈去世了，爸爸前两年也走了，最初的愿望终究没有达成。我想，再不捐出来，我都 60 多岁了。如果不捐，哪天自己不在了，那些房子木头就都变成废物了。我看房祖名每次经过公司，都用不屑的眼神来看我弄这些，就知道他是不会接手这些东西的。在我有生之年，我希望快点把东西捐出来。

我的朋友们会抱不平，说大哥你从开始买这些房子到后来的维护，大概花了几千万，最后全都捐出去，自己也没得到什么，还要被那么多人骂，你不委屈吗？我早就习惯了。不要说是我，连我身边跟我这么多年的工作人员也早就习惯了。反正我总是会跟人家讲"岂能尽如人意，但求无愧于心""人在做天在看""清者自清"。我现在做任何事情，没有对不起国家，没有对不起民族，最重要的是，我没有任何个人私利在里面。我所做的，都是我觉得对的事情，只要没有违背自己的良心，我就觉得很开心，这么多年来都是这样。

走到今天，我还求什么吗？求名吗？我已经很有名了。求钱吗？我早就不缺钱了。只要我高兴，我可以背一个行囊，开我自己的飞机，我就走了，退休了。我今天还在不断地做事，也做得很开心，而且这么多年来，我就是在一路的批评声中走过来的。我很感谢骂我的人、讨厌我的人，因为有他们，我会检讨自己做得到底对不对，如果有不对的，谢谢大家的提醒，我会改正。也感谢赞美我的人们，因为有你们，我才会更加努力，也有动力把所有事情做得更好。

序二　成龙：中西文化交流的使者

张慧瑜

中国艺术研究院影视所副研究员

　　成龙作为享誉全球的国际巨星，既是海内外华人喜爱的电影明星，又是中西文化交流的使者。自20世纪70年代末期拍摄古装武打片《醉拳》成名，到80年代拍城市动作片《警察故事》系列，再到90年代成功进军好莱坞，成龙是自李小龙之后最具国际知名度的华人影星，也是香港电影黄金时代的代表人物。新世纪以来，成龙回归内地发展，不仅重续了成龙电影的辉煌，而且也被当作中华文化的代言者，其中国功夫的形象已经成为中华文化对外传播的名片。著名画家、收藏家荣宏君先生所著《成龙·收藏人生》一书从古建筑收藏的角度反映成龙对中国传统文化的热爱和保护，呈现了成龙不为人知的另一面。

成龙电影的风格与特色

这部书的前半部分先叙述了成龙从穷小子陈港生成长为小有名气的"七小福"元楼的辛酸经历，接着叙述了他从默默无闻的武侠片特技人一步步成为一代功夫巨星的奋斗历程。成龙早在 8 岁时就已经开始拍电影，但获得较高声望要等到 20 世纪 70 年代末拍摄《醉拳》和《蛇形刁手》，借此逐渐形成"成龙电影"即喜剧功夫片的风格。用成龙自己的话说，他的电影是反李小龙电影的，这固然可以看到李小龙对于他之后的功夫电影的影响，但同时看到更多的是"成龙电影"的开拓以及探索。在《醉拳》中，成龙把少年黄飞鸿演绎成了一个顽皮活泼、嬉皮笑脸、惹是生非、不敬师长的"功夫小子"的新形象，显然李小龙电影中出现的强烈的家国仇恨、民族斗争，不再是影片所要展示的重点，一种更具娱乐性、观赏性的功夫片适应了随着香港经济起飞而日渐形成的以消费文化为主要特征的社会发展的需要。

20 世纪 80 年代，成龙开始了"职业警察"的生涯。他自导自演的《A 计划》（1983）和《警察故事》（1985），是形成"成龙电影"或打造成龙品牌的转折性作品。成龙将中国功夫片和西方现代警匪片结合在一起，克服了传统功夫片局限于单纯地展现功夫的不足，而且摒除了功夫的门户之见，把可能并不成型也没有固定套路或架势的功夫融入现代生活的打斗当中。作为现代火器战斗的一种补充，传统的中国功夫在新的类型电影中一样有用武之地，而警匪片所包含的法制观念和张扬正义的特性更具有现代生活的特色。自此，成龙在屏幕上的形象基本上以警察、刑警或特工的身份出现。这样，新型警匪功夫片的内容更加丰富，形式更加活泼，创作空间也更加广阔，并且非常巧妙地完成了由古代向现代的嬗变，实际上也可以看成是由本土化（功夫片）向国际化（枪战警匪片）的转型。至此，成龙找到了一片属于自己的电影天地。

进入 20 世纪 90 年代，成龙电影的国际化趋势已经非常明显：将故事背景移到国外，加入白种人、阿拉伯人等以前香港电影中少见的外族人物形象，开始拍摄类似于好莱坞超级制作的大场面。比如在影像上，成龙电影开始大规模地跨地域拍摄。从《飞鹰计划》（1991）到亚洲腹地拍摄开始，成龙电影开始了一系列的远征：《超级警察》（1992）到东南亚，《红番区》（1995）到美国，《霹雳火》（1995）到日本，《简单任务》（1996）从欧洲到澳洲，《我是谁》（1998）从非洲到欧洲，而《特务迷城》（2001）则从香港到韩国再到土耳其，成龙通过踏遍五大洲来完成他的一部部电影制作。进而，成龙的香港警察身份也随之变成了国际刑警或特工等。这样做使得成龙影片已绝非纯粹的香港电影，不仅使影片扩充了视野，展现不同地域的风土人情，用奇观来调节观众的胃口，更重要的是使电影能够打开国际市场，消除本土化的狭隘。但无论如何突破取景地的限制，电影情节基本上没有改变成龙正义的形象。

成龙功夫电影有这样几个鲜明特色：首先，幽默诙谐的表演大大提高了影片的观赏性和娱乐性，而且按成龙的说法这是一种"环境式喜剧"，不是硬表演出来的，是配合着周围环境或场景创造出来的，有一种智慧在里面。成龙说他经常看巴斯特·基顿、查理·卓别林等美国早期默片时代的喜剧明星的作品，来对照自己的电影表演。其次，成龙不仅把诙谐的喜剧融入周围的情景当中，而且在设计自己的打斗动作时也充分发挥周围环境中的素材，可以说每一次险象环生、绝地逢源即变劣势为优势的手段都不是依靠尖端的高科技工具，而是娴熟地利用环境中的日常器具打倒对方，无论在酒馆、在小巷还是在卧室，那种来自于对肢体的巧妙控制，准确地与地形地物做搭配的动作，将拳脚融入环境的喜趣以及对雨伞、高帽、燕尾服等道具、服装的运用，都使成龙的表演如痴如醉，如影随形般流畅动人，具有很强的观赏性。第三，避免渲染暴力。在精彩的打斗场面中，成龙始终坚持"有动作而不残暴，有喜剧而不下流"的原则，细心的观众们一定会发现，越是新拍的片子，成龙越是很少使用武器，连拿枪的场面都很难出现（更多的时候是他和对手在激烈的"抢枪"而不是互射），这主要是避免片子中的暴力倾向，以免误人子弟，这也成为成龙电影的标志之一。

可以说，成龙电影遵循快乐原则，以轻松喜剧色彩调节打斗的紧张心理和以别具一格的喜剧语言、动作、场景消解格杀的酷烈残暴，以英雄不死的喜剧性结局抚慰来自现实生活激烈竞争中的人们疲惫的心灵，让观众在喜剧与动作相辅相成、彼此渗透中松弛精神、愉悦心灵，在笑声中体味成龙独到的灵思与智慧。正是在这种乐观积极向上的平民英雄的塑造中，成龙电影得到了世界人民的喜爱和广泛的认同。

成龙（右）与张国荣

成龙（右）与梅艳芳

《功夫梦》剧照

成龙与贾登·史密斯、威尔·史密斯父子在发布会上

成龙"北上"神州

新世纪以来，与周润发、吴宇森等出走好莱坞的香港电影人回归内地相似，"审时度势"的成龙也把拍摄电影的重心转到内地，2004 年以《新警察故事》试水内地市场，此后几乎每年都会推出新片。

对于成龙来说，让昔日的香港警察的形象登陆内地并不太容易，而让成龙所代表的中国功夫转化为最具影响力的中国形象则不是难事。成龙是少有的能经常以中华文化代言人的身份出演国家庆典活动的香港演员，这种香港人与中国人的双重身份也是近些年成龙电影中经常处理的问题。在《神话》（2005）中，成龙借用古装穿越剧的形式将秦国大将与香港考古学家表现为前世今生的关系；在《大兵小将》（2010）中，成龙扮演的贪生怕死、渴望过和平日子的小兵与渴望建功立业、统一国家的将军之间形成了对立又和谐的关系；在《十二生肖》（2012）中，成龙扮演的国际大盗最后变成了坚定的爱国者。

2015 年年初成龙有一部古装贺岁片《天将雄师》，这是一部典型的香港风格的古装动作片，采用近些年内地与香港合拍的形式，由内地电影公司投资、香港导演李仁港执导、成龙与好莱坞影星约翰·库萨克等联合主演。这部电影最终获得 7 亿多的高票房，被认为是近些年最具国际范儿的国产大片。在电影中，成龙扮演汉代西域都护府的大都护霍安，承担着协调西域诸国关系和维护古丝绸之路和平的重任，电影的核心情节是古罗马帝国的小王子（王位继承人）逃难到西域，被在雁门关服刑的霍安所救。小王子的护卫将军卢魁斯帮助霍安修建了古罗马风格的骊靬古城，而霍安则联合西域三十六国替罗马小王子打败了弑君僭位的邪恶兄长，从此沟通欧亚大陆贸易的丝绸之路又恢复了平静。这座被当下美国华裔考古学家发现的古城遗址也成为中国与罗马传统友谊的象征。《天将雄师》不是主旋律题材，但它是把香港古装动作片成功地转化为与时下的国家战略彼此呼应的商业大片。

这部电影最大的看点和最重要的角色显然是成龙。成龙所扮演的霍安具有多重身份：一方面他是匈奴人，是汉朝名将霍去病收养的战争孤儿；另一方面他又是汉朝任命的西域都护府的负责人，代表中原王朝来治理地方事务。电影所展现的不再是以匈奴为代表的少数民族与中原军民之间的侵略与反抗的战争，而是多民族合作共存的故事。霍去病也不再是武力驱逐匈奴的象征，而变成和平的守护神，他去世后留下的铠甲成为和平的图腾。霍安继承了霍去病的这种精神，竭力维护西域三十六国的和平与安定。如果说这种多民族共存实现了中华文明内部的和谐，那么中国与罗马帝国的关系则成为中西文明对比的隐喻。与近代以来中国作为愚弱的民族以及20世纪80年代中国作为"落后就要挨打"的悲情民族不同，霍安可以平等地与罗马大将军进行中西文明的对话（借助于成龙所使用的香港英语），并且用中国的和平理念来说服你死我活的战争逻辑。在罗马大将军与霍安共同修筑雁门关的过程中，那种西方的机械制造和运用工具的能力也可以被中国人所借用，共同打造出一座中西合璧的新城。于是，中西对比不是对抗，而是一种协作关系。

这种以传统文化为基础的中华文明对西方文明的包容态度，反映了当下经济崛起时代的中国主体的自信。在这个意义上，成龙再次找到了适合自己的文化位置，继续扮演中西文明交流的角色，只是与那种接受西方现代法治理念的香港警察不同，西域大都护带有更多中国传统文明形态的印迹。

电影之外

如果说在银幕上成龙的形象及中国功夫是中华文化的标志性符号，那么在生活中成龙也身体力行通过文化收藏的方式来传承、弘扬中华文化精髓。在这本《成龙·收藏人生》一书的后半部分，主要呈现了成龙在收藏领域的成就和心得，最值得一提的就是成龙对徽派古建筑的情有独钟。

根据荣宏君先生的描述，成龙最早购买徽派建筑是为了孝顺父亲，后来徽州古建筑的博大精深、巧夺天工打动了成龙，使他更有意识地购买这类古民居。尤其是明清时期的徽州建筑，体现了江南富商文人对中国院落的独特理解，不管是白墙黑瓦，还是木雕画栋，都别具中国古典风格。为了保护这些古建筑构件，成龙花重金请专家来修复保养。可是如何为这些"宝贝"寻找更加持久的安放之地，却成为成龙的心病。本来成龙想安置在香港，无奈在寸土寸金的香港找不到地方，后来又经过一些波折，成龙陆续为十余栋古建筑找到了"新家"，其中四栋古建筑落户新加坡科技设计大学、一栋捐赠长汀县，其余几栋捐赠北京亦庄古建园。这些私人收藏品终于变成了可供普通市民参观、欣赏的公共艺术品，这也实现了成龙传播中华文化的夙愿。

不得不提的是，《成龙·收藏人生》一书的作者荣宏君先生不只是一位才华有为的国画家，也是一位资深收藏家。他20世纪90年代初从山东到北京求学，有幸拜文博大家史树青先生为师习读书、鉴赏之学。在笔墨丹青之余，他很早就喜欢收藏名人信札，特别是近现代文化名人的通信。在前信息时代，信件是人们沟通交往的重要渠道，而且具有一定的私密性，因此，这些信札往往会透露出名人大家公开言论和著述之外的真性情，具有极高的史料价值。

近些年，荣宏君先生先后出版了《世纪恩怨——徐悲鸿与刘海粟》《王世襄珍藏文物聚散实录》《季羡林说佛遗稿汇编》《竹墨留青——王世襄致范遥青书翰谈艺录》等著作，每本著作都来自于他自己的收藏。比如《世纪恩怨》一书主要依据徐悲鸿写给周扬的信札；最近出版的《竹墨留青》则收录了著名学者、文物鉴赏家王世襄写给当代竹刻家范遥青的135封谈艺信札。通过这种方式，荣宏君把自己的收藏品贡献于社会，加深了人们对这些前辈大帅的理解。从这里可以看出荣先生与成龙大哥可谓文化知音，他们虽然领域不同，却在对传统文化的理解和收藏的品质上"心有灵犀"。

最后，感谢荣宏君先生的信任，勉力为序。

目　录

第一章

他是成龙

成龙。

在影视圈内被称为"大哥"很多年。

他获得荣誉无数，拿奖拿到手软。凭借在影坛的成就和影视圈内的好人缘，他成为香港形象的代表，继而成为中国人乃至国际华人的楷模。

他的名字在国际上频频被提及——2007年成龙被韩国民众选为代表"中国十大人物"之一，仅次于毛泽东、邓小平，高居第3名。2012年8月24日《纽约时报》评选出史上20位最伟大动作巨星，成龙荣登第1位……

从香港一个普普通通的底层家庭里走出的顽皮孩童，最终成长为最具有国际影响力的华人国际巨星，这其中，走过的路，流过的汗，吞过的泪，付出的艰辛，挨过的苦楚，扛过的委屈，都成为成龙独特的标签，亦成为塑造"成龙形象"不可或缺的重要组成部分。

无疑，成龙是独一无二的，更是不可复制的。

他曾主演过一部电影《我是谁》（1998），电影中他对自己的身份懵懂无知，任由本能选择在非洲大草原上挥舞着拳头，不顾性命地打来打去。在镜头外，他比谁都知晓自己应该做的事情。他要拍好戏，他要照顾好自己的一班兄弟，他认真地做慈善事业，因为，他是成龙，他凡事都要做到尽善尽美，尽量不让他的影迷有丝毫的失望。

在成为成龙之前，他的名字是陈港生、元楼，那时，"成龙"还深深地潜伏在他体内，他并不自知。他以电影界最为卑微的身份——武术指导，懵懵懂懂地闯进电影这个新奇的世界。他带着毫无畏惧的果决和孩童般的稚气，在这个名利交织的世界中披荆斩棘、一往无前。世界渐渐向他敞开胸怀，并给予他最为热烈的拥抱。他成为璀璨镁光灯照耀下的一颗巨星，他也由"陈港生"最终涅槃为"成龙"。

他是成龙。

2014年4月7日，成龙的60岁生日，成龙在北京工人体育馆举办了"和平友爱北京演唱会"，并在北京JW万豪酒店举办和平友爱慈善晚宴。那一晚，群星璀璨，马云、赵本山、姜文、葛优、李冰冰、黄渤、张佑赫、张瑞希、杨澜夫妇等近百位嘉宾好友现身助阵，为成龙送去祝福。据主办方透露，当晚共募得善款70,552,000元，所得善款将全部捐赠给中国电影基金会，用于中国电影基金会及北京成龙慈善基金会共同合作的有益于电影事业发展的公益活动和项目。

60年前的那一天，成龙降生。那时，他还是陈港生。他淳朴的父母亲也根本想不到，这个在母亲的肚子里多赖了三个月才不情愿地出来的小孩儿，以后会在世界范围内掀起经久不衰的"成龙旋风"。

"这么多年，有没有什么事情是你后悔，想重新来过的？"

"恢复我的童年，好好读书。这是我唯一后悔的。"

如上对话，是接受媒体采访时，成龙的肺腑之言。

他在很多场合都表达过对童年错失读书机会的遗憾。然而，那时那日的选择放在今时今日来看，仿佛也是理所当然。是的，或许正是由于这份遗憾，让他更明白"少年易学老难成，一寸光阴不可轻"的至理，也因此，他比其他人多付出十分、百分的努力，为着须臾的未来而努力。

20 世纪 50 年代，港生的父母与其他移民到香港的人一样，都是还在为生计发愁的最底层的普通老百姓。一个重约 12 磅的健康小男孩儿的到来，给家里增添了欢乐，也增加了负担——由于港生迟迟不愿意走出妈妈的肚子，这个贫困的家庭不得不选择剖腹产。这个手术给陈氏夫妇增加了 500 港元的巨额账单，而这是刚刚从内地到香港的陈氏夫妇根本担负不起的——彼时父亲陈志平在美国驻香港总领事馆做厨师，母亲则跟随丈夫给总领事馆做一些浆洗的杂活。这个家庭的困顿被手术的女医生看在眼里，医生便不动声色地和陈家做起了别有用心的工作：如果能将孩子过继给她，那么，她将免除陈家 500 港元的账单，并且另外支付 1500 港元的过继费，作为失去孩子的补偿。

经过一番深思熟虑，血脉亲情终于战胜了暂时的困顿，陈志平最终没有答应这笔交易。1954 年出生的属马的港生作为陈家来到香港的第一个男孩儿，被视为家中新生活的开端。在贫穷的日子里，陈志平与妻子坚信，凭借着辛勤的劳动，一定能够过上丰衣足食的生活。他们期待的并不多，就希望一家人能平平安安地生活。

幼年港生与父母亲蜗居在一个没有窗户的简陋工人房内，并在那里度过了人生中最初的六年。

在少年港生的目光里，父亲身上生来就有传统"武士"的侠风，并且父亲"是一个具有巨大勇气和决断力的人。他为克服命运给他带来的悲剧和困苦，以及多年的苦役而自豪"。父亲认为，锻炼是人的根本，要想成为真正的人，就得尽量多吃苦。这几乎影响了成龙的一生。成龙从不怕吃苦。

稍大一些，港生开始打架，住所周边所有孩子几乎都成为他的手下败将。尽管港生为此领受过父亲的责打和体罚，但是他依旧享受着用拳头赢得胜利的喜悦。

7岁时，港生入学了。但是因为太调皮，爱打架，他成为老师眼中令人头痛的问题学生，港生也不得不常常接受老师各种匪夷所思的体罚，比如，举着课桌站在走廊中间。当时的港生认为学校是最无聊透顶的地方。不出所料，他一年级没能顺利通过，港生的父母被告知，如果想要继续读书，那么就要留级重读一年级。

文化程度不高的父母想当然地认为自己的孩子不是读书的料，他们最终决定将港生从学校接回家。看着其他孩子不得不背着书包走入"地狱"般的学校，港生忍不住喜上眉梢。他当时也未曾想到，那曾经让他开心的决定日后会成为他毕生的遗憾。"如果我认真努力读书，或许我的人生是另外一番景象，成为律师、职业经理人、医生……就不会是现在的成龙。"成龙有时也会在这方面做一点假设，"我可能会成为世界上最好的医生，我也可能成为世界上最好的病人"。

当时的陈氏夫妇也面临着一个重大的抉择，他们工作的美国驻香港总领事馆的总领事要转任澳大利亚，总领事喜欢陈氏夫妇的吃苦耐劳，希望他们能跟随自己到澳大利亚工作，但条件是不能带孩子。于是港生父母征

成龙和他的父亲母亲

少年时成龙（右二）

少年时成龙（左二）

求了朋友的意见，经过一番认真的思考，做出了人生的一个重大决定——前往于占元师傅创立的香港中国戏剧学院，将自己的孩子送到那里做学徒。那一年，是1961年，这一看似近乎无情的决定，却彻底改变了陈港生的一生，他开始真正地向"成龙"一步步迈进了。

港生将在香港中国戏剧学院度过不可预知的十年。十年是陈氏夫妇和于占元都认同的数字。陈氏夫妇与香港中国戏剧学院签署的合约上还有若干条款，很多看起来有些残酷。

合约上说，于占元和香港中国戏剧学院有权得到所有陈港生挣来的钱。

合约上说，惩罚是人类的根本，于占元和香港中国戏剧学院可以惩罚孩子，甚至"惩罚他们，直至死亡"。

……

尽管合约读起来让港生的母亲声音颤抖，泪水涟涟，但最终，他们签字了。此后，陈港生就成为于占元和香港中国戏剧学院的"财产"。陈氏夫妇跟随老东家去了澳洲，而陈港生，就从此留在了香港尖沙咀的美丽都大厦，与众多师兄师弟们一起开始了艰苦卓绝的训练。

"我曾经预言过，这将是我一生中最快乐的一天。看来，它已经变成了现实。我从来都没有感到这么有趣——玩儿了整整一天，想吃多少就吃多少，跟同龄的孩子一起打闹开心。垃圾房的黑暗和气味好像距离宽敞明亮的训练大厅有十万八千里。当父亲最后来接我回家的时候，我差一点儿对他说，我不想走。"成龙曾经在他的自传中这样回忆他第一天到香港中国戏剧学院的情形。

　　然而后面的生活不再像第一天那么美好。在师父于占元亲自动手的一顿"炸酱面"打得他瞬间有了想要逃跑的欲望之后，他被告知，他已经成为这一团体的一部分。他也从此知道，来到这里的孩子，都要经过师父"炸酱面"般的痛揍后，才能真正成为整个大家庭中的一员。从此，陈港生有了一个新的名字：元楼。

　　训练是魔鬼式的。典型的学院生活从每天早上 5 点开始，年龄最大的师兄负责叫醒一众师弟们，然后，大家一起来到外面的楼梯，从那里登上楼顶。在楼顶跑步以后，才能下楼去吃早饭。在这期间，浴室一直停用，如果谁早晨上厕所，便会被视为偷懒，要加罚跑步 10 圈。年幼的元楼第一天就坏了这个规矩。

　　高强度的训练直到每天凌晨 12 点才结束。步伐训练，武术，杂技，压腿一个都不少。缺乏睡眠的孩子们趁着练压腿的时候才可以睡会儿觉，而几乎所有人都是架着腿睡觉的。吃过饭，就练声调嗓或读书。而读书时间，对他们来说却是名副其实的打盹时间。就是这样的魔鬼训练，最终成就了香港电影史上著名的"七小福"。

　　"七小福"源于一次京剧表演。于占元在那次选角中，选了元龙（洪金宝）、元楼（成龙）、元彪、元奎、元华、元武、元泰等 7 人担任"七小福"的主角。后来因为演出非常成功，于占元于是借此组成"七小福"戏班。"七小福"实际人员并不固定，也不止 7 人，于占元会根据不同的演出安排组合，多的时候三四组"七小福"会同时在荔园等不同的地方演出。"七小福"戏班成员共有十多人，除去刚才提到的 7 人外，还有元德、元俊、

由左至右：元龙（洪金宝）、元楼（成龙）、元彪

元振、元彬、元宝及女学员元秋等，他们后来都进入香港电影界，对功夫片贡献尤大。据统计，香港电影金像奖自设立至今一共发出 22 个最佳武术指导奖，其中 12 个落在了"七小福"手上，占据了香港武术指导的半壁江山。那是他们用曾经的苦练换得的成就。

在尖沙咀那幢大厦的十年生活中，元楼与其他师兄弟一样，忍受着师父严厉的责打，每天在练功房里接受枯燥艰辛的训练。青春期的躁动与荷尔蒙纷飞弥漫在其中。香港中国戏剧学院是元楼人生中的第一个社交圈子。

想象一下年龄在 6 岁到 16 岁的有几十个兄弟姐妹的大家庭的温馨生活，当他们走向真实的世界时，没有什么能够把他们彼此分开，他们是一个亲密的团体。他们彼此帮衬照应，遵循着江湖社会中"人人为我，我为人人"的原始法则，为幼小的元楼提供了庇护。后来，元楼的师兄弟，很多都在他以后的电影中出现，熟悉的比如有洪金宝、元彪等。

可是，当他们在做学徒的时候，情形就不一样了。在严酷的训练下，表演和竞争有时让这班师兄弟们形成了硬过钢铁的关系，有时又使得他们将这种钢铁关系抛诸脑后。"我在一天里向另一个人发誓说，他是我的亲兄弟、我永远的朋友。第二天，我们就会打架，并且发誓彼此再也不说话。然后，在接下来的一天里，我们又会找到延续我们永久兄弟关系的理由。"成龙回忆说。

在那十年的学习生活中，成龙也懂得了一个此后在江湖中安身立命的根本：你唯一能够相信的就是自己；除了自己，你不可以依靠任何人。

当年的香港中国戏剧学院（右一为成龙）

于占元师傅为香港乃至世界影坛培养出了武术指导的半壁江山

第一次"七小福"演出结束后,他又结结实实上了一课——

"把手伸出来,掌心向上。"

师父威严地坐在那里,手持藤条。然后,师父打了元楼整整五下。

"师父,我犯了什么错?"

元楼哀怨地问。

"没有什么,"于占元说,"你演得很好。但是,我想让你记住:不管你演得怎么好,你永远不能太骄傲了。还有其他人和你一起在舞台上,就好比你依赖自己一样,你也要依靠他们的才能。"

说完,师父就走了,留下还穿着戏服的元楼站在那里。师父的这句教诲,也足够他品味一生。很多年后,他已经很有名,要风得风,要雨得雨,身后永远有兄弟跟随,他也会用师父的语气告诉他们:我们是一个整体,要彼此依赖照应。

——你唯一能够相信的就是自己;除了自己,你不可以依靠任何人。

——不管你演得怎么好,你永远不能太骄傲了。还有其他人和你一起在舞台上,就好比你依赖自己一样,你也要依靠他们的才能。

放在一起,仿佛是一根磁石的两极,延伸到两个方向。认真回味,这两个方向的向外延拓,才使人生迸发热度成为可能。如同一株大树,既要在土里根须深植,也要向外枝叶繁盛。如此,才能成为一棵参天巨树。

童年的陈港生,少年的元楼,带着他为数不多的人生体验与年轻人的好胜心,在名利场中跃跃欲试,一脚跳入了滚滚红尘中,向着"成龙"这两个字左冲右突,一路狂奔。

第二章

艰难的成名之路

　　成为"七小福"首批成员，并不意味着成龙的演员生涯顺利开启。如今，当全世界亿万观众在屏幕前看着成龙行云流水的武打动作以及招牌式温暖的笑容时，会感叹于成龙在江湖上的游刃有余。但是，成龙自己永远不会忘记他初入舞台时的仓皇无措。

　　那么多乌龙，那么多疏漏，意志不坚强的人或许再也没有勇气站回到舞台上。没有人能够一帆风顺地成功，成功的路上总是埋伏着许多无形的绳索，它会冷不丁地给人使绊儿，绊一下，再绊一下，让人跟头连连。爬不起来，就会被人永远踩在脚下；爬起来，那些绊儿就会成为回忆中的断章，成功后的谈资。

　　作为"七小福"中的元楼，他在表演中并不是一帆风顺。

　　第一次上台，因为跳跃起立用力过猛，一不小心，元楼跳到了观众席中，在观众的错愕眼光中，他灰溜溜地爬回舞台。

　　第二次，元楼穿戴好衣物等待上场，因为台词不多，本以为会是一次轻松的演出，可是由于睡眠不足，实在是太困了，就放松地坐在椅子上睡着了。等到他开演的时候，他从椅子上弹入舞台，却瞥见师兄弟们愤怒的眼光，感觉哪里不对，忙偷偷打量自己——原来跑得着急，忘记戴假胡须了。元楼顿时大汗淋漓，面红耳赤。

　　第三次，因为演主角，元楼全神贯注，严阵以待，不会再用力过猛跳入观众席中，不会忘记化妆粘贴假胡须，他做好了一切准备，甚至如何走位，唱念做打，一切程序都在脑海中过了一遍。他踌躇满志地登台了，却又一次看到观众错愕惊讶的眼神，以及舞台上师兄弟满眼抛来的不满。怎么回事？到底怎么了？他心里打鼓，一边表演，一边暗自检视着自己的衣冠，是哪里又出岔子了吗？胡须！又是胡须！这次不是忘记戴了，是他的胡须和道具盒里的另一套纠缠在了一起，两个胡须长长的几乎一直拖到膝盖。

　　"这幕戏一结束，我立即快步离开舞台，差一点儿瘫了下来。我想尽办法解开缠在一起的胡须，但是，结打得太牢，而且其他胡须又都派上了用场。我只好用这副长得出奇的胡须演完这出戏了。"然而这还不是最坏的情景，还有更让人挠头的在后面，"我拿起笏板，整理了一下滑稽的胡须，然后迈着尽可能庄重而又矫健的步伐走上舞台。一到聚光灯下，我就开始亮相。我举起一只胳膊，做了一个舞台动作。接着，笏板掉了下来。它摔在舞台上，发出木块磕碰的沉重的声响。这一声在剧场里似乎引起了回响。对于一个演员来说，任何声音都要比绝对的安静还要可怕，因为这种声音往往预示着舞台表演出现了严重的问题。我尽可能体面地弯腰拾起掉落的笏板，只听到突然爆发出一阵大笑。""七小福"之"元楼"不知那天是怎样熬过去的，走下舞台的一刹那，他觉得自己就快死掉了。当然，事情还没有结束，师父的一顿暴揍还在等待着他。挨过师父的一顿教训后，他灌铅一般的心情反而轻松了。这就是成龙，他可以从任何一个负面情绪中迅速走出来，曾经的失败并不会成为他的阴影。他会继续在舞台上表演，并积极总结过往的失败，避免再犯，从而有新的突破。

年轻的元楼与他的同门师兄弟一起，在舞台的镁光灯下，在观众的笑声掌声中一点点积攒着人生经验。他与师兄弟既是对手，又是朋友，他们一起在舞台上齐心协力赢得观众的认可，一起在舞台下喝酒嬉戏放松；在惹是生非的时候，他们也是旗鼓相当的对手。在与师兄弟相处的时候，戏剧学校里那些传承下来的武行江湖规则以及在相处中不期然形成的约定俗成的规矩都在潜移默化地影响着年轻的元楼。

时代潮流滚滚向前，一辈子在武行中行走的师父或许比谁都能感受到，舞台戏剧正在逐渐被大屏幕所代替，中国戏曲的观众群体迅速萎缩。师兄弟们登台表演的机会越来越少，师父越来越多地把"七小福"以及其他弟子借出去当群众演员和特技替身——彼时，在香港邵氏兄弟电影帝国的推动下，功夫片正在变为一种国际现象。

"七小福"们也从封闭的学校和刻板的舞台走入了更广阔的空间，他们接触到了更为真实的世界——做高风险、低收入的替身、特技人。演艺圈里的灯红酒绿，刹那间全部向他们展开。如果说，戏剧学校内师兄弟之间的竞争是残酷中带着温情，那么在外面的世界中，"七小福"们比任何时候都真切地感受到现实世界的残酷。

尽管他们都很年轻，但做替身、武行的工作，让他们的生活迅速步入成人化。那时，元楼还是籍籍无名的特技人，有时做明星的替身，有时又转身去做武术指导。危险的、忙碌的工作，然而是廉价的、无力的，随时有可能被代替，被解聘。"你明天也许会死，那么，为什么不在今天尽情享受生活呢？"有相当长的一段时间，这样的思想盘踞在元楼脑海中，及时行乐吧，今朝有酒今朝醉吧，明天的生活明天再去想吧，这是大多数替身、武行都会有的想法。有一段时间，他的生活中甚至充满了酗酒、赌博。

这一段时间，大师兄元龙合同期满，毅然决然地离开了学校，他要去新兴的电影业中寻找发展机会。走之前，元龙留话给自己的师弟们，以后出去了，可以去找他。他就是后来在香港影视圈非常著名的洪金宝。

"七小福"们是在戏曲中成长的最后一代学员，也是除了武术和表演技巧以外，与街头流浪汉没有什么差别的最后一代。"我知道如何使用摄像机，如何指导和剪辑镜头。但是，对于三维动画、数码效果（所有制作好莱坞巨片的要素）来说，一个几乎没有学过数学的孩子长大以后是不会懂得怎样使用计算机的。"成龙有时也感慨，但是，他又会自己给自己打气，"我掌握如何做到这一切的唯一方法，就是我的学习方式：以我的生命和名誉为代价，追求真实。总有一天，我会学习如何使用电脑图像的，我用这种想法安慰自己。"

而成龙的优势在于："好莱坞的导演们永远也不会去学习如何从100英尺的高度坠向水泥地面——然后存活下来。"这是他之所以成为成龙的重要原因之一。

在合约期满后，元楼终于也步大师兄之后，向电影圈奔去。

初入电影圈的元楼很勤奋，什么活都干，无论有多脏或是有多危险。他很清楚地看到了这个圈子残酷的一面，如果某一天，剧组不再需要他了，只要不理睬他就可以了，就这么简单，因为还没有地位，他是如此被好打发的人。一般，他们提供一顿午饭，伙食甚至比学院灶还要糟糕——只有米饭、蔬菜，或者从大锅里倒出的菜汤。

每天吃着糟糕的饭菜，做着最危险的工作，那些夸夸其谈的说教，那些指点江山的激昂，会被认为是最无用的，嗯，是谁说的呢？——如果你想发表意见，就用身体去表达：跳得更高，翻腾得更快，摔得更远。生活就是如此。

"我们的报酬是伤疤和青肿。"一个年长特技人半开玩笑地对他说过。他一直记得，当然，每个小伤他更清楚，这些伤只是一个提醒：下一次伤痛可能会很重，它也许会使你残废或者要了你的命。所以，他总是在每次摔伤之后总结经验，避免下次再被摔伤或者摔得更重，技巧就在这一天天的实战中积累。

过着今朝有酒今朝醉的生活，在圈子内无足轻重，随时都可能被解聘的特技人，在那个小圈子里，还是有着高下之分的——对于刚刚出道的特技人来说，成为"龙虎武师"是他们可以想象的最高荣誉。因此，元楼积极工作，不遗余力地证明自己有龙虎精神。他会很早就赶到片场，然后跟随最后一批人离开；他也会要求试做有难度的特技动作，以此证明它们是可行的——有时，它们可以做，有时却不行。

"我从来不让别人看到我尖叫或是哭泣，而是等到回家以后才释放所有被抑制住的疼痛。每当我一大早在公寓里嚎叫时，邻居们就会猛敲墙壁；他们不会亲自来打扰我，因为他们也许认为我是危险的精神病人。"成龙日后回忆那段艰辛的特技人岁月，颇有感慨，而当时，他的所有愿望不过是成为特技人中的"龙虎武师"。

有时，他为了表现得更出色，会主动要求加演更为危险的特技动作。有时，这样的要求令导演感到意外，这样是有生命危险的，难道你不知道吗？而所有的动作最后都不会露脸，只会让荧幕前的观众们记住男主角那张脸；而彼时，在拍摄那个场景时，男主角或许正在屋檐下悠闲地喝着茶，这样做，值得吗？但元楼愿意尝试，他不愿意放过任何一个提高自己的机会。只是每次做完危险动作后，他都会挺直身体，抖掉身上的尘土，再检查脖子，确信它还在行使着连接脑袋和肩膀的职责。

很快，在特技人的圈子里，元楼获得了一个新的绰号："两次小子"——"对于两次来说，做一遍是不够的！最好再来一次！"他们哈哈大笑。"他想同样努力地做两遍，就必须喝双份的酒，对吧？"动作指导说，"再来一杯，两次。干杯！"元楼知道，他是被承认的了——如果对工作有足够的热情和付出，终归会获得他们的认同和尊重。

元楼有过一次令自己印象深刻的工作，那是拍摄《精武门》的特技。在这项工作中，他有机会走近李小龙。关于李小龙，后来的成龙这样评价："他生前是一座丰碑，逝后是一个传奇。他使功夫片引起了世界的注意——我想，如果没有他，就不会有人听说过成龙。"

当李小龙成为功夫巨星时，彼时的成龙还是元楼，一个无足轻重的特技人。不过，元楼以自己的方式走进了李小龙的电影。在某一个特定的极具危险的特技工作需要人完成时，李小龙向周围的特技人发出邀请："谁可以完成这项工作？"当一排排特技人站在那里权衡着完成那个动作后是

《新精武门》中，成龙不仅是主演，而且是武术指导，后者的报酬是前者的三倍

成龙到戏剧学院以后，学了一些武术，觉得自己威风得很　　　　　当年的成龙

在李小龙主演的《龙争虎斗》中，成龙还是一个"跑龙套"的

否会活命，元楼站出来了，说自己可以试试。这一次近乎危及生命的特技完成后，成龙痛得躺在地上昏了过去，当他醒来时，他看到李小龙、导演罗维和大师兄三张形色各异的脸。

"非常好，"李小龙露出了笑容，"令人难忘。"

导演罗维伸出手来扶他坐了起来。"不错，孩子，"他说，"不错！"

大师兄赞许地冲他笑了笑。

得到三个重量级人物的肯定，即便是痛得半死，元楼心里也是很美的。他不知道旁边站着一个人在一直观察着他，那个人后来会成为自己重要的合作伙伴，与自己的友谊开启了震动香港电影界的合作，这种合作也成就了两人的辉煌。那个人就是陈自强。

在《精武门》与《猛龙过江》中，元楼得以近距离接触李小龙。人们见到的李小龙有一个最明显不过的特征：他每时每刻都处在压力之下，醉心于使自己变得完美，下决心要达到个人目标。在拍摄现场，李小龙以一当十地工作，编排动作场面，对每一个特技人进行单独指导。

后来很多人曾经问过成龙，在李小龙身上学到了什么？成龙认真思考后做出如下回答："第一，巨大的成功只和远大的抱负相伴。还是小孩子的时候，我就没有对进入影视圈产生过兴趣。青少年时期，我最想得到的就是玩耍、吃饭、睡觉和选择生活方式的自由。但是，反观李小龙的内心，我遇到了一个想改变世界的人。在他看来，成功就是让数百万人崇拜、热爱和牢记在心。不足 10 年的演艺生涯和区区 5 部影片就使他实现了个人目标。我想，这也许是我第一次意识到，可能实现的目标要比我原先设想得宏大得多。毕竟，李小龙能做到的，我为什么就不能呢？

"第二，李小龙是神话，但不是神。他是一个人！他是一个值得你敬仰、但又无须顶礼膜拜的人。跟其他李小龙粉丝一样，我敬畏他，不过，我是永远也不会让自己加入到那群人里去的。我会站在他们背后100英尺的地方远远地看着。"

而让成龙印象深刻的一个细节是，他曾经在作为某个电影场景中的特技人围攻李小龙时，受到李小龙双节棍的误伤躺倒在地。当摄影机一停止，李小龙赶忙跑到他身边向他道歉："对不起，对不起。"那一天，李小龙一直在为成龙肿起的半边脸心怀歉意。多年后，成龙一直对此细节念念不忘。"即使我们不了解他，他还是对我们这些小人物非常友好。他不在乎会给大老板留下什么印象，他很关心我们。"成龙说起当年他和李小龙唯一的一次近距离接触，一天电影收工后，成龙准备到香港半岛酒店打保龄球，李小龙在他身后忽然问道：

"Jake，干吗去？"

"去打保龄球。"成龙回答。

"好，我和你一块儿去。"

兴奋的成龙高兴得不知所措。

成龙还记得，到了保龄球馆后，李小龙并没有打球，而是坐在一边默默地看着他打，仿佛心事重重。没想到六天后，一代功夫巨星李小龙暴死香港。

"到现在我还忘不了他坐在我旁边时沉默的眼神！"成龙不无惋惜地

回忆。

与李小龙的接触，触发了潜藏在成龙心底关于自我意识的成长，如果努力，自己也可以成为一个影响他人的人。而李小龙的善良与敬业，也或许成为成龙此后的行为规范。

时至今日，人们还在试图比较成龙和李小龙，并且使他们看上去像是一对竞争者。但成龙清楚地知道，再没有比这更荒唐的了。有李小龙可以做得到，而他办不到的事情；也有他可以办得到，而李小龙却做不到的事情。

因为，他从来就不想成为第二个李小龙。

他只想做第一个成龙。

想要成为成龙的机会正在一步步迫近，终于有一天，一个似乎比特技人更好的工作机会找到他。一个人默默地看着他表演完整套特技动作，走到还躺在地上忍着痛的元楼身边说："听说你非常出色。如果你有兴趣签一份合同的话，我们愿意给你一次做武术指导的尝试。"

在为两部并不卖座的电影《巾帼英雄》和《女警察》做了武术指导之后，成龙发现自己乐于享受决策和发号施令的机会。"这并不是因为我喜欢做老板，而是因为我终于有机会塑造我周围的世界了。我仍然认为，自由就是没有人告诉我该干什么。现在，我意识到，那（自由）意味着具有控制、创造，'及促使事情发生的能力'。"但是，由于电影不卖座，整个剧组解散了，刚刚做了武术指导的元楼再一次失业。而这时，李小龙的逝世，对整个功夫电影造成了巨大的冲击。

"爸爸，我要回家了。"心灰意冷的元楼准备回到澳洲父母的身边，机票也是父亲买好邮寄过来的。元楼拿着机票漂洋过海来到澳洲，接受父母的安排，做了餐厅厨房的帮工，期待以后做一个在澳洲深受欢迎的大厨。每天过着洗菜、择菜的无聊日子，虽然再也不用为衣食担忧，他却是如此想念香港朝不保夕的生活。

或许冥冥中注定，在澳洲无聊平淡地生活了一阵之后，元楼接到了陈自强的电话，邀请他回香港担任一个武侠片的主演。

陈自强与成龙的首次正式会面，是在台湾深受欢迎的演员秦祥林的婚礼上。为了确保影迷不会捣乱，婚礼主办方想要一帮特技人担任保镖。还在做特技人的元楼自告奋勇，力求有所帮助。当时，陈自强曾经赞扬过元楼对于局面的控制有多么的好，并给了元楼一张名片。

有趣的是，后来成龙曾跟秦祥林，以及他的师兄弟洪金宝、元彪，共同主演过一些电影。那时候，成龙已经非常成功了。不过，成龙并不清楚，秦祥林是否知道有个叫"元楼"的特技人曾经在自己的婚礼上维持过秩序。

话题再回到陈自强的邀请上，在越洋电话中，陈自强告诉元楼，"我们只能付给你3000港元"。

即便元楼的数学再糟糕，他也能知道这个薪水有多么的微不足道。当时，他每个月靠两份糟糕的工作可以挣到大约1000美元。3000港元大约仅折合400美元，但他还是渴望有这样的工作。元楼告诉爸爸，香港有一份合同需要他去完成，他知道合同两个字在重信守诺的父亲心中的分量。自然，他如愿地回来了。

在陈自强的陪同下，成龙自豪地签署了平生第一份演出台同。这份合

拍《醉拳》时成龙是演员和武术指导之一

同跟当时的大部分合同没有什么不同；他同意为罗维做 8 年的专职表演；每月的收入为 400 美元，每完成一部影片还可以有 400 美元的额外收入；他必须参与罗维要求他拍摄的任何一部影片，担任公司需要他饰演的任何角色；罗维有权否决成龙生活中的任何重要决定——根据合同，没有公司的允许，成龙甚至都不能结婚。那是 1976 年。

合同签订后，导演罗维、陈自强开始为未来的新星起名字，港生、杰基（英文名）、元楼、元龙一个个听过去，又否定。后来，陈自强一拍脑袋："叫'成龙'怎么样？"他说，"'成龙'的意思是'已经是一条龙了'。"

罗维哼了几声，还在想更合适的，几分钟以后，他承认"成龙"也许跟要找的名字一样出色。

从港生到元楼再到成龙，成龙这个名字与他这个人终于合二为一。不过，如果认为成龙从此星图坦荡，一帆风顺，那又错了——

成龙在拥有了演出合同以及艺名成龙后，接连出演了好几部莫名其妙的电影，如《新精武门》《少林木人巷》《天杀星》《剑花·烟雨·江南》《蛇鹤八步》等影片。在这些影片中，成龙很大程度上被要求塑造成李小龙接班人，甚至连性格都向李小龙片中的人物靠近，阴郁、沉静、悲伤，而这些与成龙本意相差甚远。但即便如此，成龙也尽可能在每一部电影中学到一些东西。

《少林木人巷》是成龙第一部按照电影应该遵循的原则制作而成的影片。"我们不只是完成了一部作品，而是在丰富经验，尽量设身处地地考虑观众看到我们的努力结果会做何种反应。"

《剑花·烟雨·江南》的决斗场面——成龙是趁罗维睡觉的机会进行导演的——"看上去非常出色"。

尽管成龙在每一部片子中都很卖力，如同他做特技人一样，不放过任何一个机会，但是他的电影依旧不卖座。他自己比谁都清楚，他不愿意做李小龙，他只想成为自己。而与此同时，他在演艺界得到票房毒药的名声。成龙清楚地知道，如果不能摆脱票房毒药的名声，发行商们就会变得反感——然后，任何运气和技巧都不能挽救自己的前途。

"李小龙是超人。但是，我认为观众想看的是普通人，和他们一样的普通人，历经许多错误以后获得成功的人，有幽默感的人。"

多年后朋友吴思远这样解释成龙和李小龙表演方法的不同之处，这种区别也与成龙自己心目中真正佩服和理解的久经磨难后取得成功的"英雄"如出一辙。

《蛇形刁手》发行之后，成龙意识到，自己成名了，其他演员也开始知道了有成龙的存在。在外面吃饭，时常有观众认出他，并发出夸张的尖叫。在《醉拳》之后，成龙又一次体会到明星效应，走到哪里，身后都是观众。明星效应如发酵一般，从香港到内地到全世界，成龙的名字逐渐响彻寰宇。

第三章

盛名之下的赤子之心

成龙成功了！

"最受欢迎男演员""最佳男主角""世界十大杰出青年""不列颠帝国勋章"……一顶顶熠熠生辉的桂冠，戴在了他的头上。一切就像做梦一样，这个曾经靠做替身为生的穷小子，一觉醒来，仿佛就成了尽享荣华富贵的"阔少"。名利场向他打开，仿佛他想要什么，都唾手可得。

名利之海无涯，沉浮其中，成龙身不由己地醉倒了。他醉倒在观众的掌声和喝彩声中，醉倒在人们热切的眼神中，醉倒在追随者的前呼后拥中，更是醉倒在自己的飘飘然中。不知不觉中，他变成了一个追求物质的机器。他像一个暴发户一样，尽情地炫耀自己的财富——他挥金如土，一口气买了七块世界名表，一个星期有七天，不同的品牌，每天换一块。在美国洛杉矶比弗利山庄，他眼睛眨也不眨就买下一栋豪宅。他还拥有法拉利、兰博基尼等约30辆超级跑车，每一辆的价格都是几百万，甚至上千万。

那时，对于盛名之下的成龙来说，名声就像是一台自动取款机，里面有取之不尽用之不竭的财富，他却从没意识到，这财富有时带来的也不全是幸福。

更糟糕的是，得意忘形之下，他忘记了父亲的一再叮嘱：千万不要赌博！他玩起了"赌牌九"，却输得几乎倾家荡产。痛定思痛，他把自己反锁在屋子里，每天要么面壁反思，要么对着父母的照片痛哭。他像一个囚徒一样，不知道如何救赎自己，更不知道前方的路该如何走。夜深人静时，空虚又会悄悄从他的内心深处升起，像藤蔓一样肆意攀爬、纠缠着他，令他坐立不安。

他空虚，迷茫，失落，本以为历经千辛万苦，努力打拼终于走上成功巅峰后，人生从此就再无遗憾。但没想到，高处不胜寒，无尽的享受之后，等待他的却是苍白的空虚。原来，过度的追求物质，带来的竟是心灵的失控。

此时，成龙才如醍醐灌顶般恍然开悟：成功并不会让自己幸福，与人分享才会。从小学京剧、做武行的那段艰苦的生活，重新浮现在脑海中，那时的他，虽然穷困，虽然不名一文，但是却拥有充盈的内心、富足的精神世界。何曾像如今一样，被空虚、懊悔俘获，终日痛苦抑郁？他决心，一定要找回那个朴素、善良的自己。

从那之后，成龙开始涉足慈善领域。在他成为慈善明星后，有人曾经问他：艺人做慈善是不是为了作秀，有没有假的？面对这个尖锐的问题，成龙没有回避，而是坦诚、干脆地回答说："有！我就是从假的开始做起的。"

成龙的"假"并非毫无来由，而是源于他的亲身经历。随着成龙的名气越来越大，来邀请他参加慈善活动的人也越来越多。一开始，成龙总是会委婉拒绝，因为他实在是太忙，忙着拍电影，忙着应酬，自己的事情都忙不过来，哪有时间来管别人的事？对方说："一切都由我们来安排，你什么也不需要做，只要出席就可以。只花费你一天的时间，这对你的形象和电影都有益处。"成龙仔细想了想，总算勉强答应了。

有一次，主办方安排他去福利机构看望残障儿童。一看到成龙，孩子们都兴奋不已，大声喊着他的名字，有的孩子甚至激动地哭了。主持人告诉孩子们："成龙很忙，但每天都挂念着你们，为了来看你们，他昨天晚上连觉都没睡好。"站在一旁的成龙，看着孩子们真诚的笑脸，听着主持人对他的吹捧，脸上一阵阵发红。他很惭愧，别人把他捧得越高，他越觉得内心不安。主持人又说："这是成龙大哥送的礼物，你们喜欢不喜欢啊？"话音还未落，现场就马上发出了一片天真可爱的回应："喜欢。"孩子们更加兴奋了，但成龙却愣住了，因为这都是别人事先安排好的，他从没想过要带礼物，就连礼盒里装的是什么，他都一无所知。

孩子们拿到了礼物，笑得更加开心了，围着成龙叽叽喳喳地说"谢谢"。看到那一张张天真、纯洁的笑脸，成龙觉得无地自容，恨不得找个地缝钻进去：自己欺骗了这些孩子，换来的却是最真挚的感谢。他又不敢暴露自己内心的真实想法，只能硬着头皮，把假戏演到底。

"那滋味，真是五味杂陈。我既痛恨那时的自己，又非常享受孩子们那期待的眼神，这种快乐来得那样纯粹和简单，与欲望没有一点关系。"多年后，对别人讲起这段经历时，成龙如是说，"我从他们身上感受到的，是任何物质也给不到的满足——这就是慈善的快乐。也是从那次开始，我发现，原来名声是可以用来做善事的。"

那天，离别的时候，一个孩子拉着成龙的手，问："成龙大哥，明年你还会来吗？"成龙说："我来。"第二年，没有人组织，成龙自己带着精心准备的礼物，如约而至。欠了一年的心债，总算得到了偿还。

做慈善，也是会上瘾的。看到能够帮助一个人，让他重新回归到正常的生活中，让他的脸上重新绽放笑容，成龙自己也会觉得充实、满足。既然有能力去做更多的事，何乐而不为？更何况，每一次，都会有新的体会；每一次，都会收获全新的快乐。就这样，慢慢地，成龙走上了慈善的道路。当他第一次有些不情愿地参加慈善活动时，原本以为，这会是一场转眼就被忘记的"作秀"，却没想到，这竟然改变了他的人生观，甚至成为他为之耕耘一生的课业。

1988年，成龙成立了一个基金会，并以自己名字命名——成龙慈善基金会。为了慈善基金会的成立，成龙特意组织了一场记者招待会，请来了很多明星、名人，共襄盛举。站在演讲台上，成龙即兴发表了一番感慨："香港，是我出生和成长的地方，我在这里开始了我的电影事业。如果我算是有成就的话，我想，这都是香港这块土地赐给我的。我一直都希望，如果自己有能力的话，一定要为香港人做一点事。而我这个愿望，在许多朋友的支持和协助下，今天终于能够实现了。我现在以兴奋和感激的心情，正式宣布'成龙慈善基金会'成立。"

台上，成龙百感交集；台下，却始终有人用审慎的眼光打量着他。毕竟，做慈善，有太多"挂羊头卖狗肉"的事，有些人甚至借此沽名钓誉、充实自己的钱袋。鉴于此，有人直截了当地问成龙：成立成龙慈善基金会有何动机？一听到这个问题，成龙立刻严肃了起来。其实，他的动机很简单——"取之于电影，亦应该用于电影"，是电影成就了他，正因为有了电影，

慈善是停不下的脚步

感谢全世界的影迷

他才能做他自己认为应该做的事。因此，他也一直想为社会做点事，回报这个他深爱的行业，回报深爱他的观众。

打开成龙慈善基金会的网站，映入眼帘的是成龙双手合十、面带微笑的样子。旁边是他说的一句话："我希望自己是个火车头，带着大家一起跑，但作为一个带动者、领跑人，其实这很难，意味着我要承担更多责任。但我会很开心，有那么多人加入到我们的行列、慈善的行列。"

在大银幕上，成龙一直扮演着除恶扬善的英雄，而在生活中，他的赤子之心，也感染着无数人。中国、日本、美国乃至世界各地的影迷们都纷纷为成龙慈善基金会捐款。而成龙自己，不仅屡次捐资，还亲自参与到各种慈善活动中。

成龙拍电影时，总是主张要"慢工出细活"，有时，他可能一年才会拍一部片子。但是，与他拍片的速度相反的是，他在做慈善的时候却讲究快，追求效率，雷厉风行。在他看来，拍电影必须要对观众负责，对自己的信誉负责，宁缺毋滥；但慈善却不同，做帮助别人的善举刻不容缓，只要想到，只要有能力，就应该马上去做。何况这是他乐于做的事，即使工作再繁忙、时间再紧张，他也会抽出时间去做，因为慈善已成为他身体的一部分。

2004年，成龙启动了"龙子心"慈善工程，这是一个面向"龙的传人"展开的扶贫助学的慈善活动。从2005年在新疆建立第一所"龙子心"学校到现在，"龙子心"学校已经在全国各地遍地开花。在"龙子心"工程的实施过程中，作为发起人，成龙处处亲力亲为。将这一工程命名为"龙子

《警察故事》剧照

心"，也有着独特的含义："龙"不仅仅是成龙的龙，而且是龙的传人的龙；"子"是指炎黄子孙的子；"心"是实现心愿、实现梦想，亦即作为龙的传人和炎黄子孙，共同的心愿是世界和平、生活安定，幼有所教、少有所学、老有所依，为社会的慈善公益事业添砖加瓦。

2012年，甘肃岷县发生了严重的泥石流灾害。成龙得知此事后，第一时间带领慈善基金会的志愿者们来到了灾区，为这里的孩子们送上了50万元伤病儿童医疗救助款，还带来1500个"龙子心"爱心书包和1000箱水等救灾物资，并承诺帮助他们重建被泥石流冲毁的瓦结小学。

舟车劳顿的成龙顾不上休息，就为受灾的人们发放物资。他给灾区的民众打气："30多年来，我有两个真正的职业，一个是电影，另一个就是慈善。我每次做慈善的时候都得到我的朋友和世界各地影迷的支持，就像这一次甘肃岷县发生了这么大的泥石流灾害，各地很多朋友都捐赠了物资和款项，但是当时我在国外拍戏来不了这里，拍戏一结束我就带着所有的物资赶过来给你们打气，我是带着所有朋友和全世界影迷的爱心来到这里的。你们不是一个人，很多人都与你们在一起！"

2013年4月，四川雅安芦山县发生了七级地震。天全县紧邻芦山县，在地震中也受到了波及，虽然人员伤亡较少，但受地震影响，农房的稳固性变差，很多房屋即使没有倒塌，也已不适合居住了。得知这里的情况后，成龙亲自牵头，紧急组织了一个慈善小分队，向灾区的人们伸出了援手。

成龙还直接与灾区的记者联系，迅速确定了救助目标：以最快速度为天全县的老人搭建稳固的新家。目标确定后，他马上安排专业人员来到灾区，并在地震后的十天内，就选定了搭建房屋的地块，找到了合适的房屋承建方。经过四个多月的抢建，一座崭新的敬老院终于竣工。

竣工时，成龙特意来到了敬老院看望那些老人们。看到新建的房屋坚固美观、冬暖夏凉，成龙很欣慰："刚才看见老人们，对他们的'新房'居住很满意，我心里一下子踏实了。今后，我还要陆续捐出，还有许多事要做。我相信，灾区将来会变成美丽的城市。我做公益，能帮助人，别人开心，我也很开心。我做公益，不求名，不求利。我今天已这个年龄了，命有多久？所以，我做了好事，感觉能睡得着觉。"

彼时成龙的好友，著名词作家王平久亦到雅安慰问，也在为灾区的一草一木担心。成龙曾找王平久商量准备捐1000万人民币给灾区，王平久认为捐款只救一时之急，不如想一个别的方法。于是王平久就向成龙建议：雅安产名茶，但地震后茶叶滞销，何不为茶农免费做代言，用成龙的知名度，为雅安茶叶打开销路呢？一拍即合，说干就干，在王平久的主持下，一款由成龙免费代言的公益广告迅速拍成，并在中央电视台第6频道循环播放。

成龙每次去灾区或者偏远山区做慈善，都会拍摄下自己的所见所闻，与别人分享。不管在什么场合，他都会主动与身边的人讲起慈善的力量。正是慈善行动，以及成龙所传递的行善后的快乐，让更多人心甘情愿地把钱交到他的基金会，他们信任他，也愿意像他一样行善积德。这些善款，在成龙看来，是沉甸甸的担子："这是一份责任，也是我做基金会的原因。当他们把钱交给我那一刻开始，我就会努力去做，并且时刻告诉他们钱花给了谁、用在了哪里。而我就要自己去到那些地方，把资料拍回来，亲自告诉他们：你们的善举帮助了谁、成就了什么。我想，这也是每一个捐赠人的愿望吧。"

2014年4月7日，是成龙的六十大寿。在这个特别的日子里，成龙以一种与众不同的方式进行庆祝——举行慈善晚宴。他的生日一直有一个不成文的规定：老友前来祝贺只需带着一颗真诚的慈善的心，不需要为他准备礼物，无论多么华贵的礼物，都不及那一颗爱心来得珍贵。如果非要送礼，就送现金礼，他会在生日派对现场设下收款箱，客人可以把现金放进收款箱里，这些收来的礼金会被原封不动地汇入成龙慈善基金会，用来做慈善活动。生日晚宴上虽然名流汇集，但是成龙却并不铺张浪费，只为宾客提供两种面：长寿面和宽心面。对他来说，慈善才是真正的目的。

为了更好地投入慈善事业，成龙甚至将4月命名为"生日月"，整个月的时间都会被他用来做慈善。成龙说："其实我目前所参加的所有演出，都有慈善的目的在里边。当年我也曾经想过，自己成为百万富翁之后，就买个游艇去加勒比海晒太阳。可是当你的名气越来越大，世界各地都有影迷把你当作偶像时，负担就会很大。其实是别人教会我怎么做慈善的，可以说是慈善在教我怎么做人。"

"在基金会里，我会和所有人说，慈是给予别人，善是减省自己。"成龙说，"给予是容易的。一个企业的高管，可能一年分红就几百上千万，一个人哪里消费得了这么多。拿出其中的一小部分，哪怕是百分之一，这对于有财富的人来说是容易的。但难的是减省自己。比如，我去灾区探望那些孩子，送吃的、用的、盖学校……我用的是我休息的时间、休闲的时间去做这些我认为有意义的事情。并不一定是给多少钱，而是用行动践行自己的信仰，这就是减省自己。"

凭借一颗善良、仁爱的心，成龙在慈善的路上越走越远，同行的人愈众。

二十多年来，成龙的慈善事业像滚雪球一样，越做越大。义演、宣传、录公益歌曲、拍卖、明星赛、助学，环保、古建筑保护、动物保护、卫生健康……只要是能说出来的公益慈善项目，成龙几乎都有涉及。迄今为止，或许没人能准确统计出成龙为公益慈善活动捐出了多少钱、带动了多大的社会力量，但他传递的温暖，却有很多人都切实地感受到了。

不只为自己活着，生命将会变得更有意义。这正是慈善的最大意义所在。慈善就像是一颗种子，人性中最善良的部分则是适合它生长的沃土，随着时间的流逝，这颗种子萌芽、生长，结下丰硕果实。虽然一个人的一个微小的善举，并不足以使世界变得更加美好，然而，如果有千千万万颗慈善的种子在人们的心中生长，终有一天，这些种子将会成长为慈善的参天大树。成龙，就是一位默默的播种者。

怀着一颗赤子之心，从香港到内地，从亚洲到非洲，到处都有成龙奔波的身影。对成龙来说，做慈善的最终目标非常简单，成龙常说："我希望到我去世的时候，自己的存款数额是零。"

慈善是成龙的事业，但成龙的赤子之心不止于此。在现如今这个谁也不服谁的年代里，演艺界之所以一致奉他为"大哥"，还因为他强烈的社会责任感。在他的身上，始终荡漾着一股浩然正气，充满一腔中流砥柱的力量。他的一颗拳拳爱国心，不仅体现在大银幕上，更体现在生活之中。

2000年10月26日，在北京奥申委办公地新侨饭店，成龙从北京奥申委常务副主席、北京市副市长刘敬民手中，郑重地接过了"申奥形象大使"的聘书。成龙是第一个受聘的北京申奥形象大使。

对于这一职责，成龙倍感荣耀，更感觉到了肩上沉甸甸的担子。在接过聘书时，他发自肺腑地说："北京申办奥运会是中华民族的一件大事，申办奥运对提升北京以至中国的国际形象至关重要。作为一个中国人，能够参与到申办工作中，我感到非常光荣，我将全力以赴投入到这件中华民族的盛事中来，全力以赴地为申奥做出最大的努力。"

成龙说他不会说话，只会做。成龙如是说，亦如是做。

当天晚上，成龙和张艺谋一起走进了北京电影制片厂的一号摄影棚，投入到申奥宣传片的拍摄中。在张艺谋导演的申奥宣传片中，成龙要打一套堪称中华国粹的太极拳。凡事追求尽善尽美的成龙，从晚上8点到第二天凌晨3点，连续不断地反复做动作、过镜头，不厌其烦，精益求精。用了七个多小时，终于完成了片中只有56秒的演出，将一套太极拳打得如行云流水，气韵亨通。

成龙不仅在申奥宣传片中如此卖力，在其他有关申奥的场合里，人们也都能看到成龙忙碌的身影。他说："我们中国人等了一百年，我有幸可以看得见，那我可以出尽全力。我会把所有东西停掉，就为奥运去做。因为今天不拍戏可以明天拍，奥运过了就没有了。"

2001年，北京申奥成功，成龙功不可没。那天，他正在法国做访问，忽然间，助理推门走进来，激动地喊道："我们申奥成功了！"成龙的眼泪哗哗地流了下来。在回忆当时的情景时，他是这样描述自己的感受的：
"香港还没有回归之前，很多事情跟我没有关系；回归以后觉得自己是一
个堂堂正正的中国人了，有义务去为国家做点事情了。以前也没有说有义
务为谁做事情，都是为自己为香港做事情，现在是为国家做事了。我真想
自己有一天可以为国家拿点荣誉回来。"

2003年，在中央电视台第二届"感动中国十大新闻人物"的评选中，
成龙因为热爱公益事业，获得了"感动中国人物"的称号。推荐委员们对
成龙的评价是："做名人其实一点也不难，但做一个有德的名人，确实是
难上加难；成龙在好莱坞第一次向人们展示中国传统文化中英雄的概念，
然而最打动人心的是成龙的公益心；成龙在国际演艺界为中国争了光，他
热心公益，不忘回馈社会，这是难能可贵的。"成龙，担得起这样的评价。

什么是名声？最初，名声是一剂令人无法自制的迷药，得到了它，从
此就能居高临下，一览众生，被万人敬仰，一呼百应；渐渐地，名声又成
了安徒生童话里那一旦穿上就无法脱下的红舞鞋，人们既被它的光环所吸
引，又痛恨这光环太过耀眼，令人失去遮拦，连藏身之处都难寻。这两种
滋味，成龙年少时就已经一一品尝。如今，名声对于他来说，只是身外之物。
它不再关乎一城一池的得失，更是成龙用来建立一个"理想国"的工具。

当年与成龙一起出道的明星，也曾在大银幕上大放异彩，也曾有许多
人红透半边天，然而，如今大多早已经湮没在了茫茫人海之中，无迹可寻。
只有成龙，成为华人世界最具影响力的"大哥"。为什么是他？用名声做
慈善、做公益，承担社会责任。用名声做好事，名声就能世代流传。

京剧里，有生、旦、净、末、丑五种脸谱，在这五种脸谱里，成龙最乐意、也最卖力扮演的，是"净"；而这一角色，也是他一生最好的注脚。

侠之大者，为国为民。

侠之小者，行侠仗义。

成龙以一个普通中国人的肩膀担当起了传统道义的大旗。

第四章

总要为社会做点事

因为慈善，成龙获得了无数荣誉，被联合国聘为"联合国亲善大使"，被福布斯杂志评为"全球十大慈善名人"，获"法国荣誉骑士勋章"……然而，他知道，再多荣誉，也不过过眼云烟，终有一天会被遗忘。

历史长河波涛滚滚，谁能为"成龙"这个名字加封无限荣光？是那些读不起书的小孩子，是那些因为他而住上了宽敞、温暖房间的老人，是那些买不起眼镜的盲童，是那些用手语认真地"唱"《真心英雄》的聋哑儿，是那些在灾难中受苦的人……

每个人都行走在自己的人生道路上，经历不同，迥异的生活阅历再加上各自的人生价值观，于是便形成了不同的精神信仰。每个人的精神世界，都是一个充满未知、神秘的江湖。成龙的江湖，则是一个充满大爱、充满慈悲的所在。成龙曾经说过，他有三个梦想："希望中国没有穷人，希望世界大同，希望世界和平。"虽然他知道"我或许看不到这些实现"，却依然为了这些梦想而不懈努力。

世事无常，谁也无法把握风云变幻，然而，行善却是一种可以始终践行的理想。慈善是全世界的通用信仰，正是笃信这种信仰，才孕育出慈悲情怀。这种信仰，是溶于血液、不可剥离的基因，只与爱有关，与贫富无关。即使是再微小的光芒，也能够点亮黑暗、照亮人心、温暖世界。

正是因为有了这份担当，成龙的慈善事业才能从一个人的善心，一步步发展成为有强大经济支撑、系统化、科学管理的慈善组织；从亲力亲为、带领寥寥数人扛起救助他人的重担，发展到如今一呼百应的全民支撑。

然而，成龙的慈善之路也并非一帆风顺，一路走来，他频频遭受外界的不理解甚至是质疑。"洗钱""诈捐"等流言四起，很多人都认为他借慈善发财，成龙慈善基金会官网也曾经连续几天遭到黑客的攻击。

面对肆意传播的流言蜚语，成龙无奈，他扪心自问：做慈善，自己真的有所图吗？答案是否定的。成龙之所以热衷于慈善，是因为他也曾深陷穷困的深渊之中，他了解贫穷的滋味；是因为他曾经接受过别人的帮助，他感激那双给予他温暖的手。小时候，有一位美国神父送给了他一件大得离谱的衣服，然而，这对于当时的他来说，已经很好了，他连忙说"谢谢"。神父说："你不要谢我，我是代表人家给你衣服，不是我给你。要谢就谢那些帮助你的人。你还要记着，长大了以后，要回馈社会、回馈人家。"简单的一句话，却像烙印一般，烙在了成龙的脑海里，再也不曾忘记。

正因如此，在看到别人身陷苦难之中时，成龙也愿意像曾经帮助他的人一样，毫不犹豫地伸出援助之手。他亦希望自己的行动，能够感召更多的人参与到慈善活动之中。他曾经说过，众人拾柴火焰高，十几亿中国人，即使每人捐一块钱，也是一个天文般的数字。最重要的是，多一个人的参与，这个世界就会多一点爱心和美好。因此，无论是在柬埔寨看望边境城市地雷受害者，还是在越南探访艾滋病患者，抑或者在"龙子心"学校奠基现场，成龙总是对被捐助的人们说，你们不要感谢我，如果一定要感谢，就在将来去帮助其他人。神父对他说的话，他又说给了更多人。爱与善，就这样得到了传递。"那你做慈善到底为了什么？是为了青史留名，还是为自己的声名作秀？"曾有人不解地问。成龙对于这些质询淡然一笑，他认为自己就是一把打开慈善大门的钥匙，门开了，方便了大家，温暖了世界，这就够了。大家不必再去追问到底是谁打开的大门！

正是有了这样的信念，尽管流言四处蔓延，成龙仍然坚定地走在慈善的路上："我说人在做，天在看，对得起自己，对得起良心，问天问地问心无愧。所以外面的风风雨雨我都不去管它。只要能激发人们的向善之心，让社会各界对慈善事业多一点认识和觉醒，即使被'利用'，也没有关系，我牺牲一点无所谓。"

成龙始终相信，清者自清，甚至不惜放出狠话以证清白："我的慈善基金会不收取任何管理费用，所有管理成本都由我一个人承担，我不知道世界上是不是还有这样零成本的基金会。很感谢公众和舆论的监督，但是希望有真凭实据后再下结论，否则这些不实声音会蒙蔽大众，也会让很多有心做慈善的人退缩。如果真有人利用慈善做违法的事，第一个要抓他去坐牢！"

也正是这样的信念支撑，让他在保护中国古建道路上渐行渐深，即便前路坎坷，即便深处舆论漩涡，他却始终不改初心。

虽然出生并成长在香港这个东西方文化碰撞、交融的地方，虽然20世纪80年代就成功地闯进了美国好莱坞发展，虽然如今成龙的脚印已经遍布地球的每个角落，虽然自己是最具世界影响力的华人电影演员，但是在骨子里，成龙对自己的定位，永远是一个中国人。他热爱传统文化，这不仅体现在他的功夫情结上，更体现在他对古建筑的关注上。

中国的古建筑具有源远流长的历史，是组成中华文化的重要部分，拥有独特的魅力。在不同时期、不同环境、不同地域，古建筑的内容、形式都有着不同的形态和特征。然而，有一些东西却是不变的，比如"风水、宗教、伦理"三者有机合一的建筑理念，比如崇尚自然、天人合一的人文传统，比如科学的环境意识、精湛的建筑工艺、精巧的构思设计等，正是这些内在的价值，使中国古建筑在世界建筑艺术和建筑文化史上都独树一帜。

许多外国人都对这些丰富多样、精美绝伦的古建筑很感兴趣、羡慕不已。1997年，作为中美文化交流项目，曾经濒临拆除的徽州古民居荫余堂，被拆分为700块木件、近9000块砖瓦、500多块石构件，装进40个国际标准货柜，漂洋过海运送到美国，落户在马萨诸塞州境内的塞勒姆镇著名的皮博迪·埃塞克斯博物馆。这座坐落在安徽省黄山市休宁县黄村的荫余堂，始建于清中期，是一座四合五开间砖木结构的跑马楼，四水归堂式开井院落，共有卧室、中堂、贮藏室等16间，天井、鱼池、马头墙也一应俱全，富有典型徽州民宅建筑特色。为保持原貌，荫余堂被原封不动地重建，一砖一瓦、一石一木，均保持原貌。为了妥当安置荫余堂，皮博迪·埃塞克斯博物馆特意扩宽了马路，以便运输车辆能够畅通无阻；还把门侧的小街堵死，使荫余堂展厅与主楼得以相连；甚至投入大笔资金，拆迁了一大片当地的居民区，从而给荫余堂让出更多的空地，用来更好地展示它的魅力。为了尊重中国传统习俗，开工时，埃塞克斯博物馆还行上金花、批红布、安五袋、

成龙题"和平友爱"

成龙感谢世界各地的影迷朋友

成龙捐赠给新加坡科技设计大学的双层亭

成龙收藏的徽州古建构件

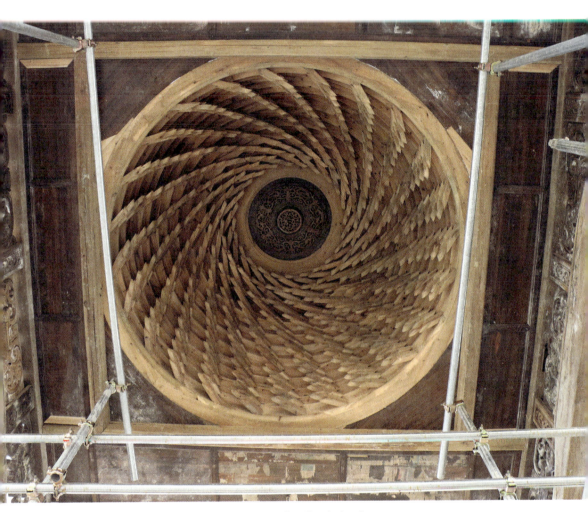

成龙收藏的徽州古建天井

钉五色布、上香、敬酒等破土上梁仪式。正是因为这种重视，荫余堂在大洋彼岸的异国大地上，不仅依然精致、典雅、朴实、沉静，更重现了光辉，吸引万千游客的拜访、观赏。

2004 年 11 月，国际古建筑研讨会在荫余堂举行。来自中国、日本、美国等国家和地区的学者、专家们齐聚荫余堂。中国著名古建专家罗哲文先生（1924—2012）出席大会，并作了题为《以荫余堂的移建美国皮博迪·埃塞克斯博物馆为例论建筑文化及其交流的重要意义》的演讲，并赋诗以贺。诗云：

> 慧眼觅明珠，几度皖南游。
>
> 建筑综艺术，文明启从头。
>
> 交响凝固乐，木石之史书。
>
> 荫余堂将圮，构架屋还留。
>
> 起死回生术，渡海再重修。
>
> 中美人民谊，文化互交流。
>
> 辛勤凡六载，大功告成就。

然而，在中国，这些魅力非凡的古建筑，大多却遭遇了不一样的命运。倒卖与损毁，成了很多古建筑不得不面临的两大宿命。有专门研究徽学的专业人士曾经估计，近年来，皖南古建筑材料的流失总量，足以再建一个"宏村"。更有一些始建于明清时期的古建筑，却因为年久失修以及各种原因，已经永远地从人们的记忆中消失！甚至还有人认为，"五百年后，只有到美国才能看到徽州古民居"。在成龙看来，只有民族的才是世界的。中国人应当努力传承、保持自己的民族文化，尽心尽力地保护好那些历史悠久、价值连城的文化瑰宝。

有人说，建筑是无声的诗，是立体的画，是凝固的音乐，是富有哲理的文章。中国古建筑更是如此，它们具有韵律美，该工整对仗的，就工整对仗；该高低起伏的，就高低起伏；该错落有致的，就错落有致。从总体上看，它们结构合理；从细处看，它们雕工精美，仿佛一幅画一样美。更值得称道的是，它们不仅反映了各个时期人们的生活状况、经济情况和文化状态，更是时代的记忆，是历史的见证者，承载着沉甸甸的文化积淀。

每一栋古建筑，都有它存在的理由，传统、文化、历史印记或者故事传说……它们不仅能带给人们"时光穿梭"的恍惚感，更能使人们从中找到历史的痕迹，找到一代人甚至是几代人的影子。那些融合了中华文明精髓的砖木石雕、高脊飞檐、曲径回廊、亭台楼榭等和谐组合的精美建筑，一旦消失，将再也无法复制。失去了精神家园，再多的哀思和怀念，也终将无处寄托。

成龙看到这种情况，无不痛心。

第五章

结情徽州古建

　　成龙与徽州古建筑结缘，始于他的拳拳孝心。成龙的父亲早年赴港谋生活，年岁渐长，萌生落叶归根之意，打算回内地颐养天年。为了父母在内地有个落脚的地方，成龙心里萌生了一个想法：买一栋宽敞的老屋作为礼物送给他们，供他们安享晚年。

　　中国之大，老屋到处都有，然而，要找到合心合意的，谈何容易。为此，成龙曾经到内地许多城市考察，却始终没有找到理想之所。这时，一个偶然的机会，在朋友的介绍下，成龙买了一批零散的徽派古建筑构件，材料大概均为老香樟木等一些名贵木材，有二百到四百年的历史。起初，他先是花九千块钱买了一根横梁，渐渐地，收集的越来越多，最终统计下来，竟有十几栋之多。

　　正是从这一根横梁开始，成龙与徽州古建筑结下了不解之缘。起初，成龙对徽州古建筑知识了解不多，认识不到其珍贵之处。然而，在找来师傅对这些古建筑进行翻新、重构后，当一栋栋马头翘角、墙线错落有致、木雕窗棂无不精工细作，黑瓦白墙色彩典雅大方的古民居展现在他的眼前时，成龙顿时被这些亦动亦静、亦俗亦雅的老房子深深吸引了，并不由自主地开始了解起徽州古建筑的历史。

　　"一生痴绝处，无梦到徽州。"汤显祖的一句诗，使无数人对徽州产生了魂牵梦萦的情结。有人说，如果要了解明清皇室生活，就到北京去看那红砖黄瓦、雕梁画栋；如果想了解明清寻常百姓家的生活，就到徽州去看那青山碧水中的粉墙黛瓦。还有人说，不谈徽州建筑，就不能了解真正的明史。

随着收藏藏品愈来愈丰富，成龙对徽州古建，及至整个徽州的认识和了解愈加深入。

徽州古称新安，指的是如今安徽南部黄山一带，包括歙县、休宁、婺源、祁门、黟县、绩溪等六座城镇，有"八山半水半分田，一分道路和庄园"之称。自从北宋徽宗以帝号改新安为徽州以后，地名一直沿用到今天。从南宋时期到明代初期，古徽州的社会经济日益发达，文化也越来越繁荣。伴随着经济的繁荣，徽州当地读书风气也逐渐兴起，一时间，名臣学士辈出，"一门四进士，父子两翰林"时有发生。到了明代中期，徽商逐渐崛起，成为当时中国商界的重要力量，而徽州也随之成为明代经商人数最多、经济最为活跃的地区之一。

备受徽州文化浸润的徽商，往往"以商入文，以文入仕，以仕保商"，官商一体、贾而好儒。他们一旦发迹，就会衣锦还乡，在故土大兴土木，修缮民居，树牌坊，建祠堂，修路桥，建会馆，一是为了光耀门楣，二是为了壮大自己的宗族势力。除此之外，出生于程朱理学发源地的徽商们还尤为重视开学堂、兴书院、发展教育，因此，在徽州一直盛行礼仪之风。"胸中小五岳，足底大九州"的徽商们，在建筑中注入了自己对住宅布局、结构、内部装饰以及厅堂布置的独特审美，促使徽州建筑逐渐形成了具有独特风

成龙收藏的徽州古建构件（局部）

格的建筑体系，促进了徽州建筑的极大发展，使徽州建筑不仅具有实用性，还蕴含着丰富的文化内涵。到明代晚期，"入歙、休之境而遥望高墙白屋"，成了徽州村落所具有的独特景观，蔚为壮观。

通过请教专家学者，成龙还了解到，在徽州古建筑中，以牌坊、祠堂、民宅最具特色，被称为"古建三绝"。作为最具中华特色的建筑，牌坊的历史可谓源远流长。早在春秋时期，牌坊就已经出现了，《诗经·陈风·衡门》中曾经记载："衡门之下，可以栖迟。""衡门"就是牌坊的原始雏形。到了唐代，城市里的居民居住区都采用里坊制，"坊"与"坊"之间有墙相隔，坊墙中央设有门，称为坊门，以便通行，老百姓将其称为"牌坊"。

牌坊遍布全国各地，然而只有在徽州，才有如此数量众多、建造华美的牌坊。在徽州的各个角落里，曾经树立过千余座或木质或砖质或石质的古老牌坊，虽然历经了几百年风雨侵蚀，到现在仍然有数百座牌坊完好无损地矗立在徽州的山道、村口、田野间。

徽州牌坊滥觞于汉代，唐宋时逐渐成熟，到清代时已是登峰造极。徽州牌坊种类繁多，既有表彰仕官的大学士坊，又有宣扬孝悌之道的孝子坊，还有作为村落、世族、墓庐的标志坊；有为百岁人瑞赐建的百寿坊，更有颂赞科举的状元坊、进士坊等。作为建筑艺术与人义精神交融的产物，这些精心设计、雕刻的牌坊，既是精美绝伦的古建筑遗产，又是蕴涵着丰富文化的历史纪念碑。它们除了表达对传统道德的尊重之外，还希望"颂美奖善，晓谕后人"，蕴藏着徽州人极为朴素的愿望：寄望和告诫后世子孙们，要始终牢牢记住"以商从文，以文入仕，以仕保商"的经营持家之道。

拭去这些古牌坊上的尘埃，人们仿佛还能够依稀听到跨越千年时光、令人心潮澎湃的悲欢离合的故事。

徽州人在徽州的土地上建起了数以千计的牌坊，在徽州古村的街衢巷陌，几乎随处都可发现牌坊高大、巍峨、凝重的身影，使这里俨然变成了一座偌大的"牌坊艺术博物馆"。一座座高大、耸立的牌坊，用徽州山里所独有的花岗岩和青岗岩精雕细琢而成，有的寂寥而又突兀地坐落在小村的街旁，有的则相拥成群，在空旷的山野里站立着，一路比肩而去。其中，以歙县许国大学士坊、棠樾牌坊群，黟县西递胡文光刺史坊，绩溪县奕世尚书坊以及休宁县五城乡古林村贞节坊等最为出名。

肃穆而磅礴的祠堂，是徽州古建筑中的另一大奇观。祠堂集徽派建筑艺术与宗法精神于一身，是徽州文化和历史变迁的一个缩影。对于一个家族来说，祠堂是血脉汇聚的核心，更是寄托精神的家园。

徽州自古就享有"东南邹鲁"之誉，宗法礼仪在这里有着严格的承袭，所以徽州古祠堂之多、之雄壮，用"甲天下"来形容并不为过。从唐宋时期以来，"徽俗士夫巨室，多处于乡，每一村落，聚族而居"。在宗法社会里，宗有宗祠，支有支祠，家还有家祠。至清代，徽州几乎无村不祠，祠堂数量竟高达六千之多。然而，随着岁月的流逝、时代的变迁，以及乡村旧有宗法制度的土崩瓦解，祠堂的地位和作用逐渐消失殆尽，许多祠堂都已不复存在。现在尚存的上千座徽州古祠堂，有的已经破落成残垣断壁；有的成了历史保护文物和旅游观光点，如徽州区呈坎罗东舒祠，歙县北岸吴氏宗祠、石潭叙伦堂，绩溪县大坑口龙川胡氏宗祠，黟县南屏叶、李、

成龙收藏的复建中的徽州古建（局部）

成龙收藏的复建中的徽州古建（局部）

程三姓占祠堂群，以及休宁县溪头王氏宗祠、东临程氏宗祠等。

"祠堂高耸郁云烟，松柏苍苍不记年。"祠堂是徽州源远流长的人文文化的一个重要物质载体，更是徽州建筑艺术的典范。徽州古祠堂通常建在开阔之处，由低到高，立柱横梁，翘檐走壁，错落有致，而且空间饱满，给人以厚重威严之感。徽州人取当地丰富的砖、木、石资源，承木雕的华美丰姿，取砖雕的清新淡雅，借石雕的浑厚洒脱，将每一座祠堂都建设成了"东方文化的艺术宝库"。如绩溪龙川胡氏祠堂，坐落在潺潺流水旁，青砖白墙，清幽一片，祠堂庄重肃静，令人心生敬畏。祠堂里随处可见精美的木雕图案，这些木雕浮镂相配，线浮并用，以"多""精""美"而为人称道。门厅堂廊之间，还别出心裁地设计了一口天井。从两旁的甬道拾级而上，繁花似锦，绿树成荫，颇有江南人家的诗意。再比如歙县潜口汪氏金紫祠，祠堂里总共有一百根硕大的木柱和石柱，尤其是宗祠的石雕狮子、飞龙、蓬瓣，看上去栩栩如生。可以说，徽州的每一座祠堂，都是徽州建筑艺术的精品杰作，都是劳动人民智慧的结晶。

而在这"古建三绝"中，最令成龙倾心的，莫过于徽州古民居了。在徽州，古民居随处可见，在包括婺源、绩溪在内的徽州的成百上千的大村小庄里，几乎都能看到古民居的身影。古民居数量众多，其中，明代的民居数以千计，而清代的民居则数以万计。徽州古民居的数量之多、建筑风格之美，是其他任何一个地区都无法与之比拟的。徽州古民居将民居建筑艺术发挥到极致，纵观有史以来的民居建筑艺术，徽州民居是一座无法逾越的高峰。

成龙说，徽州的民居建筑，不管是古代民居，还是近现代的仿古式民居，

成龙正在欣赏清代中期的徽雕双狮戏球牛腿

都呈现出一种令人心动的、优美的韵律感。走进徽州，如同走进了一座令人流连忘返的建筑园林。这里的每一个村落都坐落在碧水青山之中，入眼是十里苍翠，四周则是山色连天。在20世纪30年代，文人郁达夫被徽州民居之美所打动，写了一首《屯溪夜泊》的诗："新安江水碧悠悠，两岸人家散若舟。几夜屯溪桥下梦，断肠春色似扬州。"

从选址到设计，从造型到结构，再到布局、装饰美化，徽州古民居都淋漓尽致地体现了徽州的山地特征、风水意愿和地域美饰倾向。徽州民居的选址严格遵循中国传统的风水讲究，以山水环抱、山清水秀为佳，追求理想的人居环境和山水意境。站在高处一看，诸多粉墙黛瓦、鳞次栉比的民居，散落在山麓或丛林之间，浓绿与黑白相映，形成鲜明的风格。也正因此，这些民居构成的村落，才会被誉为"中国画里的乡村"。从远处看，一道道翘角白墙被灰色的小瓦勾勒出一幢幢民居的轮廓，就仿佛一幅幅淡雅写意的水墨画，青砖门罩、石雕漏窗、木雕槅柱与建筑物融为一体，堪称徽式宅第的一大特色。

徽州古民居通常采用砖、木、石等三种原料组建而成，门窗、栏杆、庭院、花台等地，到处可见镂刻着山水人物、花草鸟兽、纹饰图案及戏文故事等富丽内容的砖雕、木雕、石雕构件。正是因为这些精雕细琢的物件，徽州民居才精美如画。更为有趣的是，徽州古民居现在已经走出中国，走向世界——原本坐落在休宁县黄村的荫余堂，已经被整体搬迁到美国马萨诸塞州皮博迪·埃塞克斯博物馆，成为那里的一道独特的中国风景，供人们参观，向世人展示透现传统徽州文化韵味的徽州建筑的艺术魅力。

成龙收藏的徽州古建局部

　　无论是徽州牌坊、祠堂，还是民居，无不具有"布局之工、结构之巧、装饰之美、营造之精"之特点，正因为这些独特的建筑特色，徽州才成为当之无愧的"中国民间古建筑博物馆"。

　　在对徽州古建筑进行深入了解后，成龙更深刻地了解了这些古建筑中所蕴含的广博深邃的文化底蕴。也正是在那时，成龙的心中响起了一个声音：怎能眼睁睁看着这些古老而又独特的建筑继续流失？是时候，要做一些事情了！

第六章

徽州古建之美与尴尬境遇

成龙爱上了徽州古建筑。

徽州古建筑，温婉、典雅却又不失富丽。从明清时期开始，就受到世人的瞩目，多少人曾慕名而来，欣赏绿树掩映、在碧水青山中那古老建筑群落的大气沉郁、厚重古风与壮美情怀。而真正使它再度进入到公众视野中的，还是成龙发布的捐赠给新加坡的4条微博。

20年前，为了买徽州古建筑的一根横梁，成龙花了9000块钱，在当时那个年代，这笔钱已经算是天价了。成龙并不是挥金如土的人，但是这9000块钱，他却认为花得非常值。正是因为这一根主梁，他看到了徽州古建筑古色古香的韵味，对它们产生了一种无法割舍的情怀。

徽州古建筑，究竟有多美，竟能征服走遍世界各地、见识无数的成龙？

成龙眼中的徽州古建筑，具有一种古典美，美在形式、美在色彩、美在装饰、美在风水。

徽州古建筑，就像是一条历史的链条，环环相扣。虽然，如今漫步在徽州大地上，人们或许已经无法找到完整的唐、宋、元代的古建筑，然而，在那遗留的一栋栋源于明清时期的建筑群中，依稀能够看到历史的痕迹。这种历史的传承，以及徽州古建筑由此被赋予的独特文化内涵、精美绝伦的建筑风格，令成龙着迷不已。成龙常说："我一直觉得自己文化水准不够高！"自嘲没文化，十分惶恐。不过，他对徽州古建筑的品位，却足以证明，这只不过是一番谦辞罢了。

徽州古建筑大多是院落式的设计，通常坐北朝南、依山傍水，布局非常讲究：以中轴线为中心，对称分列，中间为厅，两侧为室。厅前是天井，既可以采光，又能通风，同时，也有"四水归堂""肥水不流外人田"的寓意。从外观上来看，徽州古建筑具有很强的整体性和美感，高墙青瓦、马头翘角、墙线高低变化，既有稳重厚实之感，又不乏错落有致之美。尤其是建筑轮廓线，颇具形式美感，高低错落，兼有刚柔曲直，显示出了丰富的空间层次。徽州古建筑大多为砖石木结构，飞檐、翼角、斗拱、彩面以及风土人情，更是集中体现了古民居建筑独特的形式美。

徽州古建筑的色彩也深深地吸引着成龙。它们没有艳丽的色彩，色调以黑、白为主，然而，正是这白墙、黑瓦，却与自然完全融为一体，呈现出了一种与天地相容的大气。最初，成龙之所以想给父亲买这样一栋老屋来居住，也正是因为这种色调适合老人家修身养性、不慕浮华的需求。成龙父亲这一生，从内地到香港，再到澳大利亚，辗转三地，经历了数不清的风云变幻：曾在国民党军统里浮沉，曾在生意场上浴血打拼，也曾在美国驻香港总领事馆里做厨子，每日与柴米油盐相伴……早已看淡人世间的繁华与喧嚣，耄耋之年只想过着平淡安然的日子。而徽州古建筑的恬淡，恰好符合父亲的这种心境。

徽州古建筑的色彩，几乎全都取自自然材料本身的不同色彩，黑色的瓦片、灰色的青砖、条形青石……黑、白、灰构成了这些古建筑的主色调，在朴素无华之中，隐隐流露出江南小镇特有的婉约与秀美。

更令成龙惊讶的是，徽州古建筑朴实无华的外表下所掩藏着的精美的内部装饰。徽州古建筑中的砖、木、石三雕，被称为"徽州三雕"。徽州三雕是非常珍贵的中华民族地域文化的沉积物，历史悠久、技艺精湛。成龙第一次接触徽州古建筑，就被那柱础、华板、莲花门以及天井四周上方檐条、沿口、窗扇上各式各样的精美雕刻所吸引了。虽然年岁久远，在时间的洗礼下，很多雕刻都已经变得纹路模糊，然而，通过残存的雕刻，成龙依然能够感受到它们往日的秀雅与精巧。

在徽州三雕中，最为出名的是木雕，也是成龙收藏的徽州古民居中最多的一种雕刻。木雕的表现手法、风格和题材非常丰富，而且极具代表性。

徽州的能工巧匠们，在建筑的任何一个角落，无论是梁架梁托、斗拱、雀替、檐条、楼层栏板，还是华板、柱拱、窗扇、栏杆，都能进行精雕细琢。这些木雕，不但雕刻精美，而且还呈现着一个又一个或婉转动人，或感人至深，或说理明义的故事，比如"八仙图""双狮抢绣球""九孙图""百子闹元宵""唐肃宗宴请图"等。除了人物故事以外，还有地方山水题材，比如"松涛""白岳飞云""寿山旭日""双桥夜月"等，而以动物、花卉、树木、回纹、云饰、吉祥八宝等为内容的木雕更是数不胜数。

当维修师傅把修缮好的照片发给成龙，木雕的华美丰姿展现在他面前时，成龙一下子觉得，这种美需要持续地传承下去，他要尽自己所能保护这种美。

清新淡雅的砖雕同样令成龙赏心悦目，而那个关于砖雕起源的传说故事，也给他留下了深刻的印象：

传说砖雕是明代徽州窑匠鲍四首创的。年轻时，鲍四跟着自己的父辈们学习烧窑技术，想通过这门技术来养家糊口。不过，砖瓦生意虽然非常红火，烧砖却要耗费大量的时间和人力，而且也赚不了多少钱。这时，鲍四看到那些出门做生意的同乡们全都发了财，衣锦还乡，羡慕不已。于是，他把砖窑卖了，到淮安去做生意。

在做生意方面，鲍四虽然是个新手，却无师自通。几年下来，他竟然赚了个盆满钵盈，从一个不名一文的烧窑工成了徽州首富。鲍四既骄傲又兴奋，为了摆排场，他就在淮安修了一座鲍四庙，在庙里给自己树了一个全身像，还声称要建一条鲍四街。为了处处显示自己的富有，他花钱如流水。

这时，一个怀里抱着长颈瓶，瓶插杨柳枝的中年妇女，找到了鲍四，对他作了一个揖，说道：鲍老板，你可不能这么吹牛。这世界上的技艺，是无穷无尽的，钱财也是无穷无尽的。鲍四一听，脸一下子涨得通红，他反驳道：那你又会什么技艺？

中年妇女说道：我会做莲花。鲍四不相信，于是，他与那位妇女打赌，说对方做一朵莲花，他就会向前走一步，并且在地上放一个元宝，看看是他的钱多，还是她做得莲花多。妇人一听，想都没想就答应了。她一步一步向前走，每走一步，就用手往地上一指，果不其然，地上马上出现了一朵绽放的莲花。于是，鲍四赶紧在地上放一个元宝。就这样，一步一放，刚走了半里路，鲍四的元宝就散完了。

愿赌服输，鲍四一下子身无分文。无奈之下，鲍四只好砸了庙里的全

成龙收藏的福禄寿牛腿，其中鹿衔着的灵芝、鹿前腿
因各种原因毁坏，现维修于龙柏古典家具行。

成龙收藏的横拉板角花

成龙收藏的牛腿压头

成龙收藏的徽州古建内部结构（局部）

成龙收藏的徽州古建内景

成龙收藏的修复后的凤鹊牡丹牛腿

身像，凑了点儿盘缠，回到了徽州，重新开始以烧窑为生。

后来，有人告诉鲍四，那用莲花与他赌元宝的，其实正是普度众生的观世音菩萨。鲍四的心头一下子豁然开朗，他终于领悟到了"钱财有限，技艺无穷"的真谛。从那之后，鲍四一门心思烧砖。因为对莲花的印象太深，他就烧起了莲花砖，后来，又开始在砖上雕刻花木、虫鱼、人物、楼阁。

三年过去了，鲍四的砖雕技艺越来越娴熟，还收了几个徒弟，与他们一起专心研究砖雕。后来，秀丽精美、清新淡雅的砖雕在徽州古建筑中得到了广泛的应用，逐渐发展起来，名扬天下。

这个故事令成龙感触颇深。他不由得感慨，自己要做的，不也正是这洗尽铅华、回归本业的"鲍四"吗？如今，在华人演艺圈里，他虽已经拥有了至高的"江湖"地位，然而即便如此，高处不胜寒，他也不该忘记自己的本心，更应该努力向前，像刚出道时一样，磨炼自己的演技，为观众们奉献更多的好电影。此时，再看徽州砖雕，他又多了几分欣赏。

徽州砖雕有平雕、浮雕、立体雕刻三种方式，题材也是多种多样的，包括翎毛花卉、龙虎狮象、园林山水、戏剧人物等，具有浓郁的民间色彩。砖雕的用料很精细，制作也非常考究。成龙买来的那十几栋古民居上镶嵌的砖雕，虽然经历了岁月的磨砺、风雨的剥蚀，却仍然是玲珑剔透，耐人寻味。

徽州石雕因为受到了材料本身的限制，其题材与木雕、砖雕比起来更为简单，常以动植物形象、博古纹样和书法字帖为主，山水、人物故事比较少。不过，刀法精细而又古朴大方的风格，也令成龙眼前一亮。

徽州古建筑上的木、砖、石三雕作品数不胜数，它们是民间匠师世世代代、长年累月精雕细作才奉献于世的，是古代劳动人民辉煌的创造和勤劳的累积，是留给后人的一份无价的文化遗产。

然而，这份美却并没有得到妥善的保护。对这一点，成龙有着切身体会。

俄国作家果戈理曾经说过："建筑是世界的年鉴，当歌曲和传说都缄默的时候，只有它还在说话。"不过，作为历史的遗存，作为一个民族的生动面孔，徽州古建筑乃至中国古建筑的保护，却陷入了无比尴尬的境遇之中。

在黄山市的各个区县，几乎到处都能买到雕刻精美的明清门墩，最便宜的只需要几千块钱。在有些古玩市场上，摆着各式各样的古建筑构件，远远看去十分壮观，其中既有年代、雕花不同的柱础，成对的门墩；又有刻有纪念文字的石碑、石匾，还有成堆的古石牌坊上的条石；甚至有老宅的大门、窗棂等，应有尽有。

在这些构件中，明清时期的古建筑构件占绝大多数。这些原本应该得到保护的无价之宝，现在却成了文物商贩牟利的"商品"。面对这一现象，中国文联副主席、著名学者冯骥才大声疾呼："文化可以拿来赚钱，但不能糟蹋文化来赚钱。"冯骥才表示，在某些人眼中，历史文化"一边是真实的历史被抽空内涵，只留下躯壳，被人滥加改造；一边却是荒诞不经和无中生有的伪造"，着实令人心痛。

除此之外，还有一些至今仍留存的徽州古建筑，皆因为年久失修，早已不能住人。要想修复这些古屋，至少要花费几万元甚至几十万元人民币。

成龙收藏的木雕戏曲人物构件（局部）

而大多数屋主均无力承担这笔费用，只好守着老屋看着它们日复一日地坍塌、烂掉。

每每看到这种情形，成龙都心痛不已。他想，如果我们任由这些精美的古建筑灰飞烟灭，那么，有一天我们的文化记忆和历史证物恐怕都会被毁坏殆尽，我们的子子孙孙，又凭借什么来延续一个家族、一个地区的记忆传承？

成龙曾经去日本，在那里，他看到日本的许多古建筑都得到了良好的保护，即使历经了几百、上千年，依然矗立如新。他想，为什么日本人能做到这一点，我们却不行呢？

濒临消失的古建筑，应该由谁来保护？应该怎么保护？……这些问题一直萦绕在成龙的脑海里，令他久久不能释怀。

第七章

修复徽州古建
的艰辛历程

　　成龙的人生之路足可以用"传奇"二字来形容。他的职业是电影演员，也是公益慈善家：作为国际巨星的成龙，踏足影视圈40年，塑造了无数令人印象深刻、拍手叫好的角色；作为公益明星的成龙，献身公益事业30多年，数次被评为世界十大慈善名人，更多次宣布，他一半身家已经捐给了基金会，而他身后更要"零存款"，将全部财产捐出做公益，为慈善尽自己的最后一份努力……不过，除了影视明星、公益慈善家的身份之外，成龙还有另一个身份，那就是收藏家。

　　除了拍戏和慈善之外，要说占用成龙时间最多、耗费他精力最大的一件事，恐怕非收藏莫属了。他从事收藏已经20多年了，收藏品门类繁多，从国内的蛐蛐罐，清代妇女戴的手镯、穿的服饰，到国外的杯子、碟子、勺子、手链、锁……可谓五花八门。成龙曾经说过，自己的收藏品足足塞满了8个仓库，其中包括徐悲鸿的奔马、价值200多万元的马鞍这样的珍品。

　　蔡澜与黄霑、倪匡、金庸并称"香港四大才子"，就是才子蔡澜将成龙带入收藏之门的。嘉禾影视公司成立后，蔡澜到嘉禾做监制，与成龙成了同事。在长期的合作过程中，两个人的友情逐渐升温，从同事变成了无话不说的好友。不拍戏的时候，成龙常常到蔡澜的办公室里与他聊天。

　　那时，蔡澜坐的是木头椅子，书桌上摆的是黄花梨的笔筒、紫檀的镇纸、清代的水丞，均令成龙非常惊奇。成龙那时就想，这些东西真的那么好吗？当时的成龙，眼里只有拍戏、工作，闲暇之余，就买跑车、玩名表，以此来消遣娱乐。对蔡澜的爱好，他想不通，也不想了解。

但豪车、名表再多，也无法填补自己内心的空虚，久而久之，成龙就对这些奢侈品感到索然无味。蔡澜是敏锐的，他看出了成龙心中的迷茫，于是就对成龙说：你不能每天除了拍戏、看剧本，就是剪片，你应该培养点其他的爱好，不然，你就会越来越心浮气躁。蔡澜说中了成龙的痛处，听了他的这番话，成龙连连点头，并诚恳地问他："那玩什么呢？"

蔡澜想了想，说自己可以教成龙收藏。在蔡澜的指引下，成龙渐渐地走上了收藏之路。蔡澜最爱的是紫檀木，于是，跟着蔡澜，成龙也开始收藏起了紫檀木。蔡澜先教成龙什么是紫檀、怎么去看，"教我看大叶紫檀、小叶紫檀，看做工、看料，是非洲紫檀，还是印度或是国内的"。渐渐地，成龙入了门，从此一发不可收拾。

除了蔡澜之外，成龙还有一位好老师，那就是何冠昌。何冠昌早年曾经在邵氏公司工作，从那时起，就与电影结下了不解之缘。1970 年，何冠昌离开了邵氏公司，与邹文怀及梁风成立了嘉禾电影。嘉禾早期的代表明星是李小龙，凭借着李小龙的电影《唐山人兄》，嘉禾以逾 300 万的票房，打破了当时香港电影票房纪录。到 20 世纪 70 年代末，何冠昌又签下了成龙，凭借嘉禾出品的多部动作片，成龙于 20 世纪 80 年代冲出香港，成功进军好莱坞。成龙与何冠昌关系非常密切，在许多公开场合，成龙都曾说何冠昌是他的义父。1997 年，何冠昌因为身患重病而逝世，成龙悲痛不已，为

成龙与义父何冠昌

了纪念何冠昌，在拍摄电影《我是谁》（1998）的时候，成龙没有采取任何安全措施，从荷兰鹿特丹大厦惊险一跳。

何冠昌常对成龙说应该搞搞收藏，修身养性。何冠昌的话，成龙自然不能不听。何冠昌让成龙先从小件玉器开始收藏，并且向他传授了许多玉器理论，比如如何辨别青海玉、高古玉、子冈玉等。成龙按图索骥，买回了一大批玉器。成龙兴致勃勃地拿给何冠昌看，何冠昌看了看，却摇了摇头，说全部都是假的。这句话就像一盆冷水一样泼在了成龙身上，成龙兴奋的心情一下子烟消云散。这时，成龙才发现收藏玉器并非易事，要学很多年才能入门，还不一定能全部搞清楚，于是就放弃了，不再涉足玉器领域。

或许是冥冥之中，古建筑的收藏向成龙打开了另一扇大门。

结缘古建，源于一根价值 9000 元的横梁，购买横梁曲折的过程，也是成龙收藏古建的一个谈资。成龙寻找老房子完全出于孝心，是期待父亲落叶归根的夙愿能够圆满完成，因此他四处寻找合适的老房子。父亲的思乡情，成龙很理解，"此夜曲中闻折柳，何人不起故园情"。自己在外面拍戏打拼的时候，尚且怀念家的温暖，更何况父亲离家已经有大半辈子了。虽然亲人、朋友现在已经四散在了世界各地，有的甚至已经故去，然而那份故乡情却始终萦绕在心头，谁又能忘怀？

对父亲落叶归根的想法，成龙马上表示支持，并且当机立断开始行动起来。在大陆拍戏、宣传的时候，他每走到一个地方，就到处考察，看看有没有合适的四合院可供父亲居住。成龙还托了很多朋友，让他们帮忙寻找一个可心的住处。

成龙收藏的正在修复中的徽州古建

成龙收藏的正在修复中的徽州古建

不过，成龙在内地考察了许多城市，却始终没有找到理想之所。

一个朋友对他说，与其到处寻觅又无果，不如买一些旧房子，自己盖。成龙转念一想，这是个可行的解决之道。他说好，于是，那位朋友就答应帮他找找看。

1998年，那位朋友找来一栋徽州古建筑，成龙只看了一眼，就被这栋古建筑的简洁、精美打动了。这栋房子是用紫檀木等一些名贵木材修筑的，有二百到四百年的历史，木头上还雕刻着"二龙戏珠"，栩栩如生。屋主要价9000元，成龙觉得很便宜。后来才发现，这栋房子所有的柱子都已经烂掉了，即使维修也无济于事。成龙问对方，牛腿、"门当户对"都去哪了？介绍人说，这些东西被人家偷的偷、拆的拆，就剩这一根横梁了。成龙花了9000块钱，等于只买了一根横梁。

从这根横梁开始，成龙就踏上了收藏徽州古建筑的艰辛历程。

成龙最初收藏古建筑，是为了给父亲盖房子，一根横梁怎么够呢？于是，他又再次委托朋友找，又找来一栋，大概七八万元人民币，成龙毫不犹豫地买下。买完又找来了一栋不错的，再接着买，就这样，从10万、15万、45万、100多万，成龙收集得越来越多，最终统计下来，竟有十几栋。在成龙收集的这些老屋，几乎没有完整的房子，大多是一些古建筑构件。

买完之后，成龙发现，这根本不是买一栋老屋回来，再把它重新修建起来那么简单，而是一项巨大的工程。拆下的木头全部都要清洗干净，再进行消毒、维修和保养。"这等于我洗头发洗湿了，你不做也不行了。"

成龙收藏的根雕

成龙笑言。

然而，刚买到这些构件时，构件基本上全都遭到了严重的损坏。看着这些伤痕累累的构件，成龙心痛不已。他想，一定要好好维修它们，让其恢复往日的丰华与秀美。于是，成龙找来了在古建筑维修方面知名的朱华明，请朱华明为自己维修这些徽州古建筑构件。

朱华明曾经成功地修复、修建了金庭镇明月湾邓家祠堂、上海嘉定佛像博物馆门楼等古代建筑，对古建筑修复有着丰富的经验。他对成龙说："大哥，趁着我还能动，帮你把这些老房子修复了。"朱华明知道，处理明清建筑榫卯结构的最大要素是"小心再小心"。因为经历了长年累月的风霜雨雪侵袭，古建筑难免会变得破旧不堪，有的木料腐烂，有的甚至出现残缺。如果在拆下的时候出现任何差池，都会给这些构件带来不可逆转的损伤。于是，在成龙最初收房时，朱华明就介入监督，对拆房亲自进行指导。

1998年的第一次拆房，朱华明就参与了。在现场，朱华明指挥着工人们小心翼翼地为构件编号，然后小心地拆下来，并用纸板箱等精心地包好。成龙看到他如此负责，心中的一块大石头也就落了地。

那栋房子位于山区，交通不便，只能用拖拉机将那些构件先拖出来，再装到卡车上运到苏州。后来的几栋古建筑，也大都是如此处理的。

在修复这些古建筑的过程中，朱华明总是亲自设计卯榫拼接方案，他还手把手地带领十七八个工人，对那些构件进行修补。古建筑修复是一项极其艰难的工程，每幢古建筑，都要花半年左右的时间才能修好。

成龙古建收藏的左膀右臂，前右一为王国艇，前左一为朱华明

　　找到相同材质的构件"补位"，是修复这些古建筑的过程中遇到的最大难题，必须要采用同种材质、同一年代、同一生长地、同一造型的构件，才能成功"补位"。而成龙收藏的这些徽州古建筑，需要修补的构件比例竟然高达30%—50%。为此，朱华明不得不到处寻找。有一次，为了找一根直径约70厘米的清代早期香樟木雕花"冬瓜梁"（弧形梁），成龙和朱华明先后找了一年多，才在浙江兰溪的一个旧木市场找到。

　　到2005年，成龙的几栋古建筑终于全部交付完毕。成龙原本打算找一块地，把这些老房子重新建好，让父母住进去。不过，世事难料，子欲孝而亲不待——在随后的几年里，成龙的父母相继离开了人世。于是，这十余栋包括厅堂、戏台、凉亭的徽派木结构建筑，就一直静静地躺在仓库里。因为管理不善，有些古建渐渐成为白蚁的粮食。因为没有地方摆放，每一次搬迁都是浩大的工程，成龙也只能无奈地看着它们一点点腐烂，再进行新一轮的维修。

　　这些精美却日益腐败的古建筑，成为成龙的一个巨大的心病。这心病始终盘桓在他的心头，让他无法消解。成龙感慨：这是中国建筑艺术的精髓，如今却沦落到这种地步！

　　2009年，成龙邀请朱华明到香港去检查古建筑受损的情况。朱华明指导工人们在成龙的另一个仓库里挖了一个长约3米、宽约1米的水池，再往里面倒上特制的药水，把那些被白蚁腐蚀的古建筑构件浸泡在池子里，以此杀死虫子，防止它们继续腐坏。

　　不过，成龙深知，这样做终究是治标不治本，保护古建筑，最好的方

成龙收藏的具有典型徽州古建特色的牛腿

正在拆卸中的徽州古建老屋

法就是让它们"生根"，重新使用起来。可是，在寸土寸金的香港，要做到这一点，谈何容易？

中国人对属于自己的文物，总是怀着一种深沉的情感，成龙也不例外。他最大的愿望，就是在自己的有生之年把那些收藏品处理好，不会最终因物所累。成龙向香港政府求助，希望把自己收藏的这些徽州古建筑捐出，并且主动提出将自己的其他藏品也都捐献给社会，服务大众。然而，香港实在是太小了，没有足够的空间来陈列、展示这些收藏品，光是那些徽州古建筑，恐怕就要占用几千平方米的土地。

为了解决这个问题，成龙费尽心思，想了无数方案。他曾经四处奔波，寻找土地，也曾经请求政府拨地，还曾经尝试着在自家的花园里搭建，然而，因为各部门的规例太多，最终都不得不放弃了。

为了这些徽州古建筑，成龙还曾经拜访过两任香港特首。特首们无不苦口婆心地劝说成龙，让他不要将这些古建筑拿走。但是，出于各方面的考虑，他们却不愿意拨地给成龙来重建这些古建筑，问题还是得不到解决。

在成龙看来，很多人可以等，但他不能等、也等不了。光是把这些房子盖起来，起码就要花掉 6 年的时间，到那时，他自己多少岁了？已经 60 多岁了。这几年，他自己是否会发生意外，都是未知数。如果他发生了意外，这些古建筑摆在仓库里，就无人过问了，最终可能真的被白蚁全都吃掉，或者变成一堆废品，这岂不是暴殄天物？一想到这一点，成龙就揪心不已。

　　成龙一直在寻找他的收藏品的归宿。他的藏品种类庞杂，体量又大，每每给自己增添无尽的"幸福的"烦恼。到底应该怎么处理这些徽州古建筑，才能让它们真正物尽其用，发挥它们的价值？这些建筑瑰宝，究竟应该去向何方？成龙的心头，一直在想应该如何解决这个难题。

第八章

找到了中国人的精神家园

若无古建筑，何处觅乡愁？

古藤老树、小桥流水，古建筑散落其间。一条老巷、一棵古树、一座祠堂、一条小溪，无一不是人们心灵深处对故乡的寄托；青石板、马头墙，承载着浓浓的人文情怀，更是人们无法割舍、难以忘怀的乡愁。

那些古建筑，穿过了几百年甚至几千年的时光隧道，以其特有的沧桑、厚重和张力，将历史、现在和未来牢牢地联系在一起，为中国人留下了一方有山、有水、有乡愁的精神家园。那些老房子，就仿佛是时间的容器，先人们在其中留下痕迹，或许，只有在坦然面对并了解这些过去的时候，人们才能更好地看清前路，明白该走向何方。

成龙虽然生在香港，从未在安徽生活过，然而从他买下的那些徽州古建筑里，成龙却能感受到一种亲切感、一种熟悉感，就仿佛它们与他有着莫名的联系。这些古建筑，是故乡的载体，让他一看就觉得心安。

成龙非常欣赏作家王世瑛的话："古建筑，不仅是物，也是事；不仅是事物，也是事情和人情。同样，古建筑文化必然要透射一定的文化现象和一定的人事状态。古建筑文化，不是仅仅让后来者在眼前景物中透视历史，它更让我们在与眼前景物的心灵对视或心灵对话中收获一种灵感。"一个历史悠久的古建筑，往往凝聚着一个地方的集体记忆，集合了老百姓多元化的感情，甚至体现此地的精神气质和人文底蕴，它所拥有的内在文化魅力和外在的名片功能，常常会超越这座古建筑的本身，成为一个时代的记忆符号，成为人们难以忘却的文化载体。

成龙认为，同那些电影中出现的地标建筑一样，古建筑同样也体现了一座城市、一个乡村的精神内核。任何一个地方，都要有一个独特的精神特质；没有精神内核的城市，如同失去灵魂的孤城。北京、巴黎、纽约，一提起这些城市，人们纷纷为之倾倒，正是因为这些城市都具有独特的核心价值——北京的故宫、长城、天坛，是千年历史的缩影；巴黎的埃菲尔铁塔、卢浮宫、巴黎圣母院，象征着一个城市的精神；屹立在哈德逊河口的自由女神像，是纽约的一个记号；高耸入云的迪拜塔、造型别具一格的帆船酒店，是迪拜的标志性建筑……难以想象，如果上海没有外滩，如果杭州没有西湖，如果悉尼没有歌剧院，这些城市是否还会在人们心中留下鲜明的符号？

高楼大厦是可以复制的，然而，文化却是无法复制的。一座城市的精神内核就是它的灵魂和生命力，它既包含了很多看得见、摸得着的东西，同时也渗透了无数多元化、不可量化的无形价值。而古建筑正是这种精神内核的集中体现，是一个区域的魅力所在。通过它们，人们可以去解读、去展现，并以此说明一个城市的记忆和魅力。

这些散落于城市各处的大大小小的古建筑，就像是一个个历史生命的延续，它们虽然看上去有些苍老和寂寞，却依然不失厚重。它们还承载着几代人的点滴回忆，以及一个城市的心酸过往。它们是一个个古老故事，

成龙在察看由王国艇先生（右一）设计制作的金丝楠阴沉木茶台

王国艇先生（左）一直为成龙修复古建

诉说着悠久的历史文明。它们是一首首田园牧歌，吟唱着传统生活的古典气韵。这些古建筑，虽历经农耕时代的沧桑岁月，却延存着中华的文脉，是中华五千年文明的活化石。时至今日，那些历经风雨留存下来的古建筑，仍然以顽强的姿态存在着，俯瞰着这个世界，进行着文明和历史的双重吐纳。

古建筑还留存着一座城市的体温，蕴藏着历史与文化的内涵。国家领导人们也曾在不同场合表达了对承载历史文化的古建筑的尊重。如 2002 年习近平在《福州古厝》中所讲："当我们来到戚公祠，似乎可以感受到它正气宇轩昂地向我们介绍戚将军带领着戚家军杀得倭寇丢盔弃甲的战史。当我们来到马尾昭忠祠，它正语气凝重地向我们叙谈福建水师遭到法国军舰突袭奋起反抗的悲壮历史。当我们来到林文忠祠，它正眉飞色舞地向我们讲起，林公则徐气壮山河的壮举——指挥军民在虎门销烟的历史。当我们来到开元寺，它正自豪得意地向我们表述，大铁佛是我们的先人掌握高超的冶铸技术的证明。"

古建筑更能带给人们心灵的寄托。抚摸着那些遍布青苔的老墙，人们忍不住心潮起伏，有无限的追思与感慨。正是通过这些古建筑，我们发现并体味历史长河之美。每当成龙走在仓库里，看着那些古建筑构件，他就对这一点更加认同。要知道，即使是历史街区中那些寻常巷陌、简陋民居，也无不熏染着悠悠岁月中的烟火气，它们陪伴着普通中国人经历了无数忧乐悲欢。如今，即使是现在的人们再看到它们的身影，也不由得会发自肺腑地生出温暖、亲近之情，唤起对人生的感悟。

保护好古建筑，关系着文化血脉的传承，关系着中国人精神家园的维护。

而这，也正是成龙为这些古建筑寻找归宿的初衷。他不愿意看到这些古建筑在仓库里腐烂，希望它们重建，为中国人保留一片精神家园。

当人们的目光再次聚焦到古建筑上面时，或许，那看似冷漠的青砖黛瓦中夹杂的热望，都能静静流淌出来。而在那似水流年中渐渐斑驳的，还有残缺的梦境。

成龙只希望，家园的记忆，能够永远存留于古老建筑群落里。

第九章

走出了一条古建
保护的新路子

保护与现代化发展，一直以来都是一个难以两全的命题。这不只令成龙苦恼不已，也是全世界和全人类共同探索和实践的课题。

中国地大物博，历史源远流长，即使是到现在，在中国城乡各地仍然保存着数不胜数的历史建筑、历史街区和古镇古村。从陕西半坡遗址发掘的方形或圆形浅穴式房屋发展到现在，中国建筑的发展已有六七千年的历史。修建在崇山峻岭之上、绵延万里的长城，堪称是人类建筑史上的一大奇迹；建于隋代的河北赵县的安济桥，在科学技术同艺术的完美结合上，早就已经走在了世界桥梁科学发展的前列；现存的高达 67.1 米的山西应县佛宫寺木塔，是世界现存最高的木结构建筑；北京明、清两代的故宫，则是世界上现存规模最大、建筑精美、保存完整的大规模古建筑群。至于我国的古典园林，其独特的艺术风格，使其成为中国文化遗产中的一颗明珠。这一系列现存的技术高超、艺术精湛、风格独特的建筑，在世界建筑史上自成系统，独树一帜，是我国古代灿烂文化的重要组成部分。

历史是有灵魂的，而那些古建筑正是承载着历史的灵魂，这也正是古建筑吸引成龙、吸引其他收藏家们的魅力所在。它们代表了城市与乡村在不同的历史阶段所展现出来的精神面貌和建筑特色，饱含着丰富的历史信息，正如成龙所说："从这些老房子里，你能看到过去，也能看到未来。"

毫不夸张地说，古建筑就是一个国家、一个民族发展的"化石"，它是不加粉饰的历史记忆，正是凭借着它们，人们才能定位自己的历史文化背景。

欣赏那些古建筑，就如同翻开了一本沉甸甸的史书。从那洪荒远古的神话传说，到秦皇汉武的丰功伟业，再到大唐帝国的宏伟蓝图，还有在历史书上可能都找不到任何记载的、千千万万劳动者的聪明才智，都被它详尽地、形象地记录了下来。

也正因为它们拥有的巨大价值，世界各国对古建筑的保护日益重视。

成龙曾经去过日本很多次，日本对古建筑的保护，给他留下了深刻的印象。早在1950年，日本文部科学省就颁布了《文化财产保护法》。随着社会的发展，这个以保护各类文化遗产为宗旨的综合性法律与日本环境省的相关法律法规在不断完善，形成了一个更为严谨的法律保护体系。尤其是进入20世纪七八十年代后，日本更加意识到古建筑自身所蕴含的价值和其代表的历史价值的重要性，对古建筑的保护愈加升级。

日本在古建筑保护方面所采取的策略，以宣传古建筑价值、再利用、促进文化产业发展为主，力求在促进古建筑符合现代社会发展要求的同时，保留它们原有的外观和历史价值；在促进旅游观光等景观经济、带动当地区域经济发展的同时，保留古风古志，让人们可以体验传统生活，保留传统价值观，发展本国传统文化。

在缜密完备的古建筑保护法的呵护下，日本人量优美、典雅、有着浓厚中国古代元素的传统建筑得到妥善的保护。就以山口县萩市为例：400多年以来，原汁原味的古建筑仍然安然地躺卧在周边。长长的白墙，围起了一座座庄严肃穆的武士大宅，报安的钟声从远处高大幽深的寺院悠悠传来。第二次世界大战以后，萩市也需要现代化发展，然而，他们解决社会需求的基本方法，不是毁掉这些老建筑来获得空间，而是选择了在老城区外部建设新城区。良好的保护，使得古建筑既实现了浓厚历史传统的自然延续，又青春常在，焕发了勃然的生命力。

同样令成龙惊讶的，还有意大利。意大利人将保护古建筑的意识称为他们的DNA。无论是普通老百姓，还是政府官员，在他们心中，都给古建筑贴上了一个"珍藏品"的标签。在他们的眼中，这些历经时间洗礼的古老建筑，就像基因一样重要，它们以低调的姿态影响着他们生活的方方面面。保护历史文化遗产的条款，早就被写入意大利的宪法，凡是稍有历史的城市，都会圈出一个古城区，限制车辆进入。有些位于城市中心的咖啡店，已经以古老的面貌已经存在了几百年。

意大利人的保护理念是"最好的保护就是使用"，因此，意大利的很多古建筑，现在仍然作为办公场所或者住宅使用着。它们虽然保持千年前的古老面貌，流露各自的时代特征，但内部却别有洞天，已经被翻新、加固，适应现代办公、居住需求。在维修这些古建筑的时候，必须要遵守极其苛刻的文物保护规定，比如，翻新的时候就连窗户的颜色、材质都不能有一丝一毫的变动。

然而，反观中国，在长达两千多年的封建社会里，城墙、宗庙、桥梁、寺塔等建筑持续不断地被兴建着，却很少对其加以保护，再加之战乱连连、兵灾不止，中国的古建筑几乎长时间处于自生自灭的状态。近现代虽然人们已经产生了保护古建筑的意识，不过由于战事此起彼伏，对此仍然是无暇顾及。

走进和平时期后，经济建设和市政建设的不断发展，又使古建筑保护的空间被不断压缩。为了扩大现代企业的规模，古建筑不得不让路；为了打造现代化城市，与其格格不入的古建筑被推倒……我国虽然已经制定《文物保护法》，却没有古建筑保护法，尽管两者之间有一定的关系，然而却因为各有要旨而有所区别。如果一直没有一部专门完备的法律来保护古建筑，那么，古建筑的保护或许就会始终处于无序的状态之中。像成龙这样拥有十几栋古建筑却没有途径使其得到妥善保护的事情，也会层出不穷。

怎样才能使中国的古建筑在传统与创新、本土特色与国际化、人文与自然之间找到平衡，走出一条崭新的且具有中国特色的建筑创新之路？对于这个问题，始终没有一个准确的答案。

不过，成龙给出的答案，或许会带给我们一些启示。将古建筑捐献给新加坡，对古建筑进行异地保护，走出了一条古建保护的新路子。

俗话说："树挪死，人挪活。"古建筑的异地重建，或许是"最不坏"的一个选择。

新中国成立以来，中国的农村发生了翻天覆地的改变，相对城市，这种变化更为显著，因为无论是从格局还是体量上，作为个体的村庄所构成的农村都比城市小得多，对资本的抵抗力也更弱。在这个无法逆转的历史进程里，最先遭受冲击的就是古建筑。除此之外，农民本身也有摆脱破旧

成龙收藏的正在修复中的徽州古建

成龙收藏的正在修复中的徽州古建

成龙收藏的正在修复中的狮子牛腿

成龙收藏的正在修复中的徽州古建

老屋阴暗、潮湿、低矮、闭塞、难以与工业化相对接环境的强烈愿望，希望入住干净整洁的城镇化楼房。

而且，中国的古建筑大多是砖木结构，不但容易受到火灾、水灾、虫噬等自然外力的破坏，时间稍一久远也会老化、松散。很多古建筑正是因为这个原因无法继续居住，房屋主人必须在原有的宅基地上盖新房，不得不匆匆忙忙处理传了几代的老房子。

要想使这些老房子免遭这样的命运，异地重建是一种比较可行的保护方法。没有被列入文物的古建，得到的保护力度就会打一些折扣，甚至无人问津。然而，这并不代表它们是没有价值的。私人或者企业组织无偿参与或出资保护，使得原本会遭遇破坏拆毁的古建筑幸免于难，或者换一个地方，它们就会得以继续保存下来，甚至重新大放异彩。

与其让它们在风吹日晒、在现代化进程的冲击下日益损毁，人们只能在照片中欣赏它们的美丽，不如让成龙以及如成龙一般的人来保护它们，让它们成为传播中国文化的使者。

异地保护的模式现在在很多地方都已经得到实施，比如江西婺源篁岭景区以独有的产权收购、异地搬迁保护模式，在保持原有村落建筑和古村文化"原真性"的前提下，对村落建筑和风貌进行规划、保护，提升古村历史文化内涵，让古建筑的生命得以延续，重新焕发出新的活力。

婺源县的怡心堂，就是篁岭异地重建保护的一个典型案例。怡心堂原来是一栋古建调居客馆，在徽派古建筑体系中拥有独特的资源价值。2012年，怡心堂的花窗门片几乎全部被盗，损失极其严重。而且，由于年久失修，房屋还出现了后进木结构横梁断裂、"牛腿"脱落、多处腐烂塌陷等毁坏现象，如果不及时对它加以维修保护，独特的古建资源很快就会损失殆尽。

2013 年 10 月，婺源乡村文化发展有限公司和怡心堂所在的许村镇政府达成了一个合作协议，由篁岭景区全额出资，将怡心堂整体异地搬迁，并修缮保护。这不但使古建筑产生了经济效益，更重要的是能让古建筑得以保存。

不过，当下最重要的，是要提高民众的古建筑保护意识。《威尼斯宪章》里提到："世世代代的历史文物建筑饱含着过去岁月流下来的信息，是人民千百年传统活的见证。"梁思成也说过："最有效的保护就是让国民知道其价值，只有大家都知道是可贵的才会自觉保护。"从这个角度看，成龙将四栋古建捐赠新加坡，可以说是走出了一条古建保护的新路子。

第十章

捐赠古民居予新加坡
科技设计大学始末

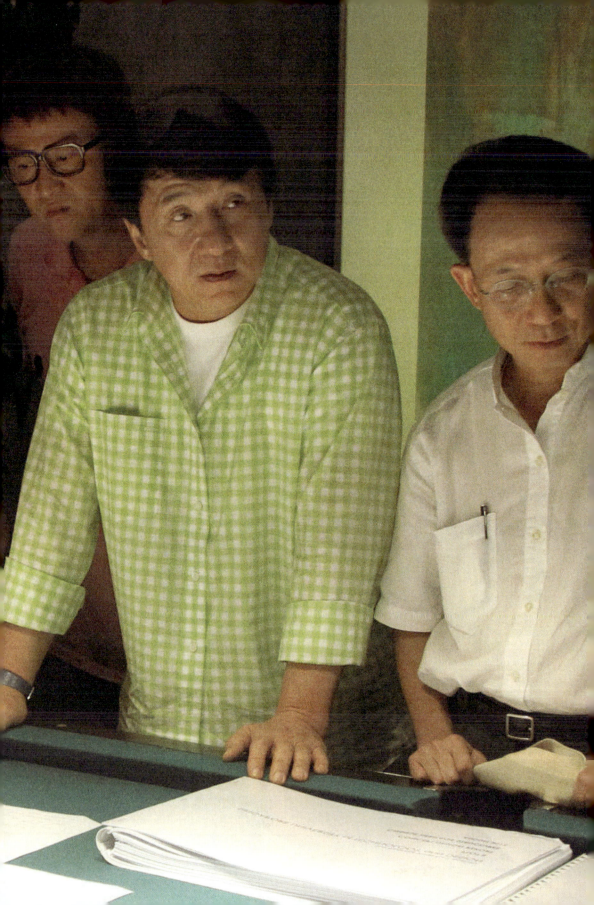

　　为了让这些历史悠久的古建筑不再沉寂，成龙开始多方接洽，希望能够为这些建筑瑰宝寻找一个好的归宿。

　　虽然曾经多次向特区政府求助无果，但成龙仍然希望能够将这些徽州古建筑放在香港。毕竟，他生在香港，也希望在香港留下一点属于自己的东西。于是，在遭到一次又一次拒绝后，他依然积极地与特区政府有关部门商洽，然而，令他失望的是，繁华的大都市里，人多地少、寸土寸金，很难找到合适的地方去安置这些体量庞大的古建筑。

　　成龙又把目光投向了内地。毕竟，这些房子当初就是为了实现父亲落叶归根的愿望而购买的，如今，虽然父亲已经故去，让这些古建筑回到内地，也算是"落叶归根"了。为此，成龙四处奔波，先后考察了几个地方，却始终未能为这些古建筑找到令他满意的落脚点。

　　一个偶然的机会，成龙与一位新加坡的朋友在聊天的时候偶然说起了这件事，这位朋友听后，为他开拓了新思路——既然国内找不到合适的地方来安置这些古建筑，为什么不将其"移植"到国外？

　　朋友还建议成龙，可以将视线投向新加坡。古建筑是不具有再生的功能的，一旦保护不好就意味着"死亡"。新加坡的历史并不长，留下的古建筑本来就少，况且在 20 世纪六七十年代的高速发展中，又出现了用摧毁古建筑来换取现代化的做法，对古建筑的大拆大建，使幸存的古建筑更是少之又少。由于对古建筑的保护不力，让新加坡少了古迹和传统文化的魅力，传统景点魅力在褪色。

新加坡政府逐渐意识到，这些古建筑是新加坡的根基，保护古建筑，就是为新加坡留下根脉，可以让后代可以通过活化的建筑来感受曾经的历史，通过承载着文化的建筑来感受祖辈的生活。从 1971 年制定《保存古迹法令》，到 1989 年制定《市区重建局法令》，再到 1998 年的《规划法令》，新加坡政府先后制定了一系列的法律法规，来保护古建筑。这个原本缺乏历史和自然资源的国家，因为如今对古建筑的保护，让每一个去过的游客都感到震撼。

成龙顿时感觉眼前豁然开朗：作为中华文明的瑰宝，如果能够得到妥善的保护，让这些古建筑留在国内，无疑是最好的选择。但是，如果在原生地无人接收，甚至要面临被损毁的风险，那么，为什么不为它们寻找更安全的归宿？与其将这些古建筑作为自己的私人藏品，不如让更多人欣赏、了解它们，使这些古建筑成为传递中国文化的使者，不是更能体现它们的价值吗？最重要的是让这些古建筑得到全面、细致的保护，不能放任时间毁损它们的魅力。

彼时，成龙恰好在新加坡购买了一些英式的老房子用来投资。新加坡总理夫人得知此事后，对成龙说，谢谢你，你很喜欢老房子。成龙笑着对总理夫人说，自己还有一些更老的房子。成龙兴高采烈地从手机里找出那些古建筑的照片，像个孩子一样如数家珍地给总理夫人看，并详细地介绍

成龙与新加坡工作人员商谈捐赠古建事宜

捐赠新加坡老戏台的复原图纸

起了那些古建筑。

成龙的古建筑照片吸引了总理夫人，看完之后，她向成龙提了一个建议，能不能把这些古建筑放在新加坡？这与成龙的想法不谋而合。总理夫人向成龙承诺，她会想尽一切办法，来解决关于古建筑移置的所有问题。成龙点了点头。

七天后，总理夫人给成龙打电话，说新加坡决定送他一块地，供他安置那些古建筑。并且，新加坡方面还会负责运输、维修等一切事宜，所有费用由新加坡来承担。

紧接着，新加坡就派来了一批人，来香港与成龙接洽。新加坡的旅游部长、文化部长全都来了，让成龙感受到他们对这件事的重视，这也让他更加放心地把自己的古建筑捐给新加坡。

最终，在自己多年来收集的十几栋古建筑中，成龙精挑细选了四栋，包括两个古厝、一个凉亭和一个戏台，捐赠给新加坡，总价值过亿。

这几栋老房子虽然送出去了，但成龙的心里总是觉得有些不踏实。就像把女儿送出嫁的父母一样，他迫切地想了解"女儿"在"婆家"过着怎样的生活。于是，为了了解对方的保护计划和安置方案，2005 年，成龙专门来到新加坡进行考察。新加坡决定将这四栋古建筑安置在新加坡科技设计大学校园内。新加坡科技设计大学是新加坡的第四所公立大学，办学理念新颖，建筑极具特色，将四栋古建筑放在这里，可谓相得益彰。他们认为，把这些古建筑摆在学校里，全世界都能看到中国的文化。

在新加坡科技设计大学，这些"橱窗文物"将会变成"活教材"，成

新加坡科技设计大学古建复建现场

新加坡科技设计大学老戏台复建现场

新加坡科技设计大学凉亭复建现场

为有实用和使用价值的历史性建筑，而不是没有生命的文物。它们会被放入校园中，成为学生们生活空间的一部分。学生可以走进走出、仔细观赏，近距离地对这些古建筑展开研究，甚至可以把戏台当成小型表演场所，在亭子里休息，在两栋古厝内举行研讨会、开展览会，甚至把这里当成课堂。

新加坡科技设计大学没有让成龙失望，在那里，他看到学校专门腾出一个空间，把古建筑摆在里面，并且用风扇一直吹着它们，防止它们潮湿、发霉。他们的文物修复专家，以百倍的耐心精心地对那些古建筑进行保存、维修、扫描，把每一根木头拿出来做记号再维修。他们小心翼翼地对待这些古建筑，就像对待襁褓中的婴儿一般。

这时，成龙心头的疑虑全部打消了。为了让这些古建筑更加精美，成龙还特意在国内寻找石雕，送给新加坡科技设计大学，与它们搭配。在成龙看来，要做就做全套。

经历多年苦苦找寻，成龙终于找到最有利于保护这些古建筑的方法，在欣慰之余，他不由得感慨万千：作为文化器物存在的徽州古建筑，已经不仅仅是一栋房子、一片院落，更是一段历史的遗留、一种活态的文化。人们看到它，就能感受到历史的气息。如今，虽然这些古建筑在异国他乡能够得到更好的保护，却终究脱离了原生的土壤，即使仍然能保持鲜亮的容颜，却失去了自己的根。那些青砖黛瓦的古建筑，只有在青山绿水之中，才能最好地呈现出它们的美。无论如何，让这些古建筑远离故土，总是一桩憾事。想一想，终究意难平！

2013 年 4 月，四栋古建筑在新加坡的落户工作基本上已经尘埃落定。

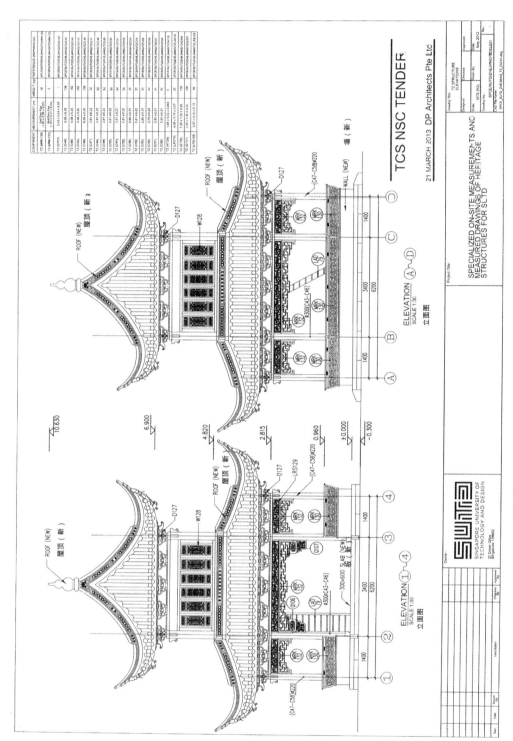

新加坡科技设计大学双层亭现场构件尺寸和测量图（之一）

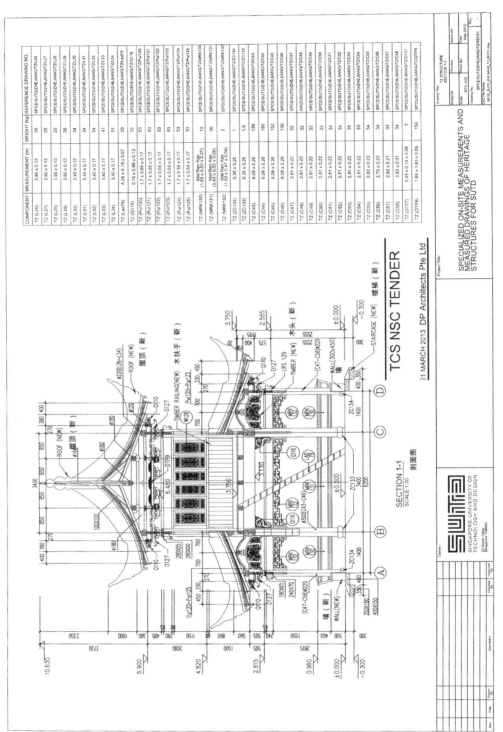

COMPONENT	MEASUREMENT (m)	WEIGHT (kg)	REFERENCE DRAWING NO.
TZ (L26)	3.90 x 0.13	26	SPCE/SUTD/ZHEJIANG/TZL26
TZ (L27)	3.90 x 0.13	26	SPCE/SUTD/ZHEJIANG/TZL27
TZ (L28)	3.90 x 0.13	25	SPCE/SUTD/ZHEJIANG/TZL28
TZ (L29)	3.90 x 0.12	26	SPCE/SUTD/ZHEJIANG/TZL29
TZ (L30)	3.40 x 0.12	34	SPCE/SUTD/ZHEJIANG/TZL30
TZ (L31)	3.40 x 0.17	34	SPCE/SUTD/ZHEJIANG/TZL31
TZ (L32)	3.40 x 0.17	34	SPCE/SUTD/ZHEJIANG/TZL32
TZ (L33)	3.40 x 0.17	41	SPCE/SUTD/ZHEJIANG/TZL33
TZ (L34)	3.40 x 0.17	31	SPCE/SUTD/ZHEJIANG/TZL34
TZ (Liao79)	4.26 x 0.19 x 0.07	20	SPCE/SUTD/ZHEJIANG/TZLiao79
TZ (Q116)	0.78 x 0.68 x 0.13	10	SPCE/SUTD/ZHEJIANG/TZQ116
TZ (Pur120)	1.7 x 0.55 x 0.17	53	SPCE/SUTD/ZHEJIANG/TZPur120
TZ (Pur121)	1.7 x 0.55 x 0.17	53	SPCE/SUTD/ZHEJIANG/TZPur121
TZ (Pur122)	1.7 x 0.55 x 0.17	53	SPCE/SUTD/ZHEJIANG/TZPur122
TZ (Pur123)	1.7 x 0.55 x 0.17	53	SPCE/SUTD/ZHEJIANG/TZPur123
TZ (Pur124)	1.7 x 0.55 x 0.17	53	SPCE/SUTD/ZHEJIANG/TZPur124
TZ (Pur125)	1.7 x 0.55 x 0.17	53	SPCE/SUTD/ZHEJIANG/TZPur125
TZ (MRK130)	Mei Ren Kao (1.85 x 0.50 x 0.07)	10	SPCE/SUTD/ZHEJIANG/TZMRK130
TZ (MRK131)	Mei Ren Kao (3.40 x 0.52 x 0.06)	35	SPCE/SUTD/ZHEJIANG/TZMRK131
TZ (MRK132)	Mei Ren Kao (1.03 x 0.47 x 0.04)	2	SPCE/SUTD/ZHEJIANG/TZMRK132
TZ (ZC134)	0.36 x 0.25	1	SPCE/SUTD/ZHEJIANG/TZZC134
TZ (ZC133)	0.36 x 0.25	1.5	SPCE/SUTD/ZHEJIANG/TZZC133
TZ (C43)	6.08 x 0.26	139	SPCE/SUTD/ZHEJIANG/TZC43
TZ (C44)	6.08 x 0.26	150	SPCE/SUTD/ZHEJIANG/TZC44
TZ (C45)	6.08 x 0.26	152	SPCE/SUTD/ZHEJIANG/TZC45
TZ (C46)	6.08 x 0.26	139	SPCE/SUTD/ZHEJIANG/TZC46
TZ (C47)	2.81 x 0.22	32	SPCE/SUTD/ZHEJIANG/TZC47
TZ (C48)	2.81 x 0.22	32	SPCE/SUTD/ZHEJIANG/TZC48
TZ (C49)	2.81 x 0.22	32	SPCE/SUTD/ZHEJIANG/TZC49
TZ (C50)	2.81 x 0.22	32	SPCE/SUTD/ZHEJIANG/TZC50
TZ (C51)	2.81 x 0.22	34	SPCE/SUTD/ZHEJIANG/TZC51
TZ (C52)	2.81 x 0.22	34	SPCE/SUTD/ZHEJIANG/TZC52
TZ (C53)	2.80 x 0.22	35	SPCE/SUTD/ZHEJIANG/TZC53
TZ (C54)	2.81 x 0.22	33	SPCE/SUTD/ZHEJIANG/TZC54
TZ (C55)	2.82 x 0.23	34	SPCE/SUTD/ZHEJIANG/TZC55
TZ (C56)	2.79 x 0.23	34	SPCE/SUTD/ZHEJIANG/TZC56
TZ (C57)	2.82 x 0.21	34	SPCE/SUTD/ZHEJIANG/TZC57
TZ (C58)	2.82 x 0.21	34	SPCE/SUTD/ZHEJIANG/TZC58
TZ (D127)	0.45 x 0.14 x 0.08	3	SPCE/SUTD/ZHEJIANG/TZD127
TZ (DTP9)	1.65 x 1.65 x 0.65	150	SPCE/SUTD/ZHEJIANG/TZDTP9

SECTION 1-1
剖面图
SCALE 1:30

TCS NSC TENDER

21 MARCH 2013 DP Architects Pte Ltd

ROOF (NEW) 屋顶（新）
ROOF (NEW) 屋顶（新）
TIMBER RAILING(NEW) 木扶手（新）
TIMBER (NEW) 木头（新）
STAIRCASE（新）楼梯（新）
WALL（新）墙（新）

SUTD
SINGAPORE UNIVERSITY OF TECHNOLOGY AND DESIGN

SPECIALIZED ON-SITE MEASUREMENTS AND
MEASURED DRAWINGS OF HERITAGE
STRUCTURES FOR SUTD

Drawing Title:
TZ STRUCTURE
SECTION 1-1

新加坡科技设计大学双层亭现场构件尺寸和测量图（之二）

成龙一时间百感交集，于是他在微博上说出了自己的心声：

> 二十年前经人介绍，我在国内买了十间安徽的古建筑，本来想着找一块地，把老房子重新建好，让爸妈住。不料爸妈都在十多年内相继离开。这十栋包括厅堂、戏台、凉亭的徽派木建筑，便一直躺在仓库里成为白蚁的食粮。这些老建筑，是中国建筑艺术的精髓，如果不摆出来让人欣赏实在浪费。十年前，我想把这些老房子捐给香港政府，作为展示用途，但和二届特区政府谈怎样拨地，但几年都没有谈出一个结果。可能有某些原因或者困难吧。两年前我跟一个新加坡朋友谈起这件事，他马上请我跟一位新加坡官员见面，那位官员马上为我在新加坡的科技设计大学找到一块地，好让全世界的学生了解我们中国的传统文化和古建筑。我随即答应把十栋安徽古建筑中的四栋捐给他们。这次去新加坡，便到科技设计大学看看这些老房子的摆放进行得怎样了。大学里对徽派古建筑有研究的学者和古建教授向我介绍他们准备怎样摆放这四栋古建时，看着那些精致的模型和三维图样、镭射扫描，我才知道为了好好陈列这四栋老房子，他们已经做了周详的考证和周边环境的设计。这令我非常感动，几乎有冲动想把其余那六栋也捐给他们。跟学生和教授们道别时，我们还高兴地来个大合照。

成龙的微博，一石激起千层浪。人们议论纷纷，有支持、有理解，更有争议，甚至是明确反对。有网友说："毕竟这些东西都是祖宗留下来的遗产，独一无二，就好比你制作那部《十二生肖》电影，留得住的东西就一定要好好珍惜，治理房子要从根源上来解决问题，而不是找个理由来蒙蔽他人，做对不住民族的事！"

《十二生肖》是成龙自编、自导、自演的电影，2012年曾引起很大反响。在电影中，成龙扮演的是一个叫作杰克的侠盗，为了寻找圆明园十二牛肖中失散的最后四个兽首，他四处奔波，历尽磨难。在最后关头，一向惜金如命的杰克放弃金钱，将寻回的珍贵文物兽首归还给中国。电影里的成龙，凭借着一己之力，捍卫了文物的归属，令人感佩。"只要是人家的文物，我们一定要还给人家。没有人可以从别人的国家抢走人家的文物，摆在自己国家的博物馆，说是帮人家保管。……这种行为是可耻的。"这是电影中的经典台词。然而，现实中的成龙，竟然要将中国的古建筑捐给新加坡，人们当然无法理解，一些人甚至斥责他为了名利"卖国"。

2013年4月9日，成龙对这些质疑的声音做出了回应："没想到捐房子的事情弄得沸沸扬扬，其实我很想找机会把这件事从头到尾讲一讲，因为是个很有趣的故事，只是三言两语说不完，要找合适的机会坐下来细细说。不过有些话可以干脆利落地讲，请你们放心，成龙不会做犯法的事，更不会做对不起民族的事。在此一并谢过大家的关心。"

其实，保护中华古建筑，是成龙的一个梦，是他的慈善事业延伸的另一个领域，又怎会为名利所驱使做对不起民族的事？对成龙来说，名利早已是阅尽的风景，何须为之弯腰？之所以要把这些古建筑捐给新加坡，是出于无奈，更是为了保护这些文化瑰宝。

　　与此同时，在成龙的帮助下，四栋古建筑在新加坡的施工非常顺利，2014 年 3 月 11 日，新加坡科技设计大学为这四栋明清时代占建筑举行了隆重的上梁仪式，这意味着，这些古建筑主体结构的复建工作已经基本完成了。上梁仪式自从明清以来，就普及于中国民间，被认为是建房过程中重要的传统习俗。新加坡科技设计大学用中国传统上梁习俗来庆祝主体结构的竣工，令成龙感动不已。

　　古建筑中的戏台和双层亭，被安置在学生宿舍和学术大楼之间，一栋供演出使用，另一栋可供学生们休闲。靠近学生与教工宿舍的两栋古厝被生态池塘环绕，是举办活动的场地，为此，新加坡科技设计大学在里面安装了冷气，并且为古厝加上玻璃墙。另外，在古厝的山墙"开窗"（增添窗口），让身处古厝里面的人，能眺望远处池塘潋滟的风景。除了类似的这些小改良之外，古建筑都保留了原有的面貌。

　　2015 年年初，这些古建筑开始投入使用，成为新加坡科技设计大学校园里的一个新地标。看到自己捐赠的古建筑重新焕发出勃勃生机，成龙的心里倍感欣慰。

第十一章

捐赠北京亦庄古建园

"人家真的当成个宝",四栋古建筑在新加坡得到妥善的安置,对成龙来说,没有比这更令他感到幸福的了。然而,成龙的脚步并没有因此而停下,他还在四处奔波,为剩余的徽州古建筑寻找好的归宿。或许等到那些"宝贝"们全都找到了"家",成龙心中那块沉甸甸的大石头才会真正落地。

尽管将古建筑移置到新加坡,让它们在异地重建焕发生机,可以使他所珍爱的老房子们得到更好的保护,然而,这终究是一种无奈之举。

虽然出生并成长在香港这个东西方文化碰撞、交融的地方,虽然20世纪80年代就成功地闯进美国好莱坞,虽然如今成龙的脚印已经遍布地球的每个角落,虽然自己的影响力是世界性的,但是从骨子里,成龙对自己的定位,永远是一个中国人。他热爱传统文化,这不仅体现在他的功夫情结上,更体现在他对古建筑的持续关注上。

尽管将四座古建捐赠给新加坡了结了成龙的一块心事,但在成龙的心中,还是希望这些古建筑能够留在中国,留在它们根基所在的地方。一方水土养一方人,一方水土同样产生一种建筑样式,正因为如此,安徽产生了四水归堂,北京产生了四合院,上海产生了石库门……毕竟,古建筑在使用过程中,与人发生关系、与所在的地域文化发生关系,见证历史、见证传承,才能将它们的价值体现得淋漓尽致。

所幸的是,成龙捐献古建筑给新加坡的新闻就像推翻了的多米诺骨牌,引起了中国各地政府的广泛关注。从那之后,有不少地方政府找到他,希望引入他的古建筑,并承诺会对它们加以重视和保护。

这些议论也引起一些良性循环,很多地方政府得知此事后,向成龙伸出了橄榄枝。2013年11月29日,成龙专程赶到龙岩长汀,向长汀县捐赠了一栋徽派古建筑。在活动现场,他还临时决定再捐一盏铸铁古灯。长汀县政府授予成龙"荣誉市民"称号,并赠送他一把"名城汀州金钥匙"。握着这把"金钥匙",成龙欣慰不已,他还向长汀人表示,他现在是长汀人了,等他捐赠的古宅建好后,还要来长汀。

成龙为什么愿意把辛苦收藏的古建筑捐赠给长汀呢?"是长汀人民的执着打动了我。"2013年12月,他在微博上讲述了将古建筑捐给长汀背后的故事:"很多人问我,为什么要把老房子捐给长汀,其实新加坡事件后,有很多人找过我,想要我把房子捐给他们,我都和当地说你们先把当地的老建筑保护好,再来找我。9月15日,长汀县国家历史文化名城管委会主任陈日源从长汀来北京找到我,谈捐赠老房子的事情,给我讲了他近十年保护古建筑做出的努力,本来只想听听打发他走就算了,后来,我派人去了解考察,原来真的和他讲的一样,让我很感动,最后我决定把收藏的老房子送给长汀一栋。感恩节前终于到了长汀,到了后看到那些老房子和建筑保护得那么好,也更了解了当地的情况,真的嘉许他们为保护古建筑做出的努力,以后有机会再捐老的灯给长汀吧!"

与此同时,成龙因为拍戏选景来到了北京亦庄,并结识了北京经济技术开发区管委会的一些领导。管委会方面对古民居非常感兴趣，话题就自然而然地转到了古建筑上面。成龙对他们说起自己正在全力投入的上海成龙电影艺术馆。成龙电影艺术馆是成龙从孩童时就萌生的一个梦想，从自己第一次走进片场，走进一个现实与理想交融的地方开始，就一直想要把一切好玩的东西都留下来。久而久之，竟然真的保存了不少。成龙把许多藏品捐给了上海成龙电影艺术馆，与大家共同分享他在电影路上的喜乐悲忧，共同体验他对电影事业的追求和对所有人的关爱。这个项目彼时已进行了五年，成龙已经搬了很多东西去上海。

北京经济技术开发区管委会的领导们一听，立刻建议，如果成龙在北京也搞一个类似的项目就好了。成龙马上说道，那剩下来的东西不如搬到这里做个"成龙世界"主题公园吧。

双方一拍即合。管委会的领导们欣喜地表示，一定会全力支持成龙的这个想法，同时，也要把这个"成龙世界"主题公园做成一个公益的项目，让这座主题公园成为所有北京市民、中国公民乃至世界旅游者的乐园，让它成为年轻人尤其是小孩子的教育基地，让这些古建筑最大限度地发挥它们的价值。

就这样，北京亦庄"成龙世界"主题公园很快就紧锣密鼓地筹备起来。2013 年 9 月 12 日，成龙怀着几分兴奋之情，发了一篇微博，向关注徽州老建筑的人们报告了一个好消息："继上海的成龙艺术馆之后，北京亦庄的成龙世界公园今天也启动了！从去年 4 月决定，到今天几栋老房子终于可以捐给北京，得到好的安置，很感慨。上海的艺术馆会放我多年来所有的电影道具，北京的成龙世界放我多年来的所有收藏。年轻时什么都想买，现在什么都想捐，独乐乐不如众乐乐，只有文化是永恒的！"

当天，他穿着一身浅色休闲装，戴着一副深色眼镜来到北京亦庄，正式和北京经济技术开发区管委会签订了一份合作协议——"成龙世界"主题公园落户昔日的皇家猎场亦庄。在现场，成龙还宣布，将会向"成龙世界"主题公园捐赠至少四栋老房子，还有香港仓库的很多东西，比如手镯、链子、道具等。建成以后，"成龙世界"主题公园将会免费向公众开放，只有园内的部分项目会收费，这些费用将会用来保养古建筑，让它们恢复往日的生机。

每一栋古建筑，都有它存在的理由，传统、文化、历史印记或者故事传说……它们不仅能带给人们时光穿梭的恍惚感，更能使人们从中找到历史的痕迹，找到一代人甚至是几代人的影子。成龙认为，保护这些古建筑要立刻行动，不要等到失去才懂得珍惜，不要总是把"爱"和"保护"挂在嘴边，却从来不行动。那些融合了中华文明精髓的砖木石雕、高脊飞檐、曲径回廊、亭台楼榭等和谐组合的精美建筑，一旦消失，将再也无法复制。失去了精神家园，再多的哀思和怀念，也终将无处寄托。

从感受，到拥有，再到有意识地保护，成龙走过了一段漫长的路程，他付出很多，却觉得一切都值得，从始至终都无怨无悔。在中央电视台《新闻1+1》节目中，白岩松问成龙："投入了几千万，其实自己没得到什么，因为你最后都要捐出去。但是又挨了一顿骂，会不会有委屈？"成龙淡定地回答："没有，习惯了。反正我跟人家讲，岂能尽如人意，但求无愧我

成龙收藏的狮子形牛腿构件

成龙收藏的老路灯构件

心。我现在做任何事情，我没有对不起国家，没有对不起民族，而且我没有任何利益，我做的都是我觉得对的事情。但是我觉得对，不一定你觉得对，但我觉得我做这个事情，我没有违背我自己的良心，我就觉得很开心。这么多年来都是这样，包括我讲话、言行举止，我都会被人家骂，无所谓，我过得很开心，我睡得着。我捐出去，今天我求什么，我求名吗？不求名。我求钱吗？我不缺钱。今天可以背一个行囊，开我自己的飞机，我就走了，我退休了，但我今天不断地还在做，我做得很开心，也被骂得很开心。而且我很感谢骂我的人、讨厌我的人，因为有他们，才给我这个动力，我要小心怎么做好它，我要小心怎么做。"

成龙是这样想的，也一直是这样做的。他呼吁每个人都应该行动起来，投入到古建筑的保护中。只有这样，才能保留中国的古典建筑特色，才能让外国人感叹："Wow! Chinese village！"因自己的身上涌动着炎黄子孙的血液，保护中国古建，留住中国古建凝固的美，也成为成龙"中国梦"的一部分。

第十二章

再说成龙的上海

老路灯情节

除了让他花费巨大精力和财力、牵肠挂肚的古建外，他收藏多年的老路灯也一度引起了大众瞩目，这些老灯也一度成为成龙为之骄傲的藏品。成龙也特意将点亮老灯与"成龙斗"雕塑揭幕仪式在他的电影艺术馆前一起举行。

2013 年，成龙在上海筹建的个人电影艺术馆，花费了四千余万元，在经过长达 5 年的筹备后，终于开馆与观众见面。成龙电影艺术馆是成龙在中国上海长风生态商务区亲自选址并授权筹建的，是目前全球唯一一个以"成龙"命名的专题电影艺术馆。艺术馆围绕成龙作为"中国符号、功夫巨星、慈善使者"的定位，全面展示成龙的人生轨迹和从影五十多年取得的骄人成绩，如今已经成为上海一个重要的文化地标。

2013 年 11 月 8 日，"龙誉耀九州岛""成龙斗"雕塑揭幕暨老路灯亮灯仪式在上海成龙电影艺术馆隆重举行。这一晚，成龙亲自揭幕雕塑作品和点亮老路灯。"成龙斗"雕塑位于艺术馆南侧，作者为世界著名艺术家 Julie Rotblatt 和 Omri Amrany 夫妇，他们曾因为迈克尔·乔丹打造出"篮球之神"雕塑而举世闻名。揭幕仪式上，Julie Rotblatt 女士亲临现场，讲述了作品缘起、创意灵感以及整个制作过程的点滴瞬间。

成龙也特意将雕塑制作的缘起在微博上做了说明。2013 年 11 月

12 日，成龙在微博上写道："答应跟人家分享雕塑'成龙斗'（Battle of Harmony）的来历，这是 2001 年的时候，我在美国与艺术家 Julie Rotblatt 与 Omri Amrany 夫妻见面相识后，他们花了十几年时间完成的雕塑作品，全部是用我的各种手形完成的，有五形拳，龙、蛇、虎、鹤、豹……"

"成龙斗"由成千上万只成龙的手构成一条正在与成龙搏斗的龙，意喻每个人人生中最大的对手恰恰正是我们自己，生动展现出成龙从影做人凡事必亲力亲为，勇于面对自己、不断挑战自己的坚韧精神。

与"成龙斗"雕塑一起出现在观众面前的老路灯，则比"成龙斗"雕塑与成龙结缘的时间更为久远。这些老路灯，是 1997 年成龙在美国洛杉矶拍摄《尖峰时刻》的时候意外邂逅的。当成龙看到这批制作优美精良的老路灯时，第一直觉就是"这是中国的，它们应当回家"，当即花重金买下并带回中国。

那一晚，在全场观众和媒体的见证下，成龙亲自点燃了一盏盏老路灯，璀璨闪烁的灯光在流光溢彩的上海重新亮起。傍晚时分，上海的深秋，尚还有微薄的霞光，17 个黑白相隔的罩子中一团圆圆的微黄光团亮着，将影子投在草坪和红砖墙上，氤氲的灯影下，仿佛一段时光又从 20 世纪穿越而来。

这批老灯，跟随成龙已经有十几年了。成龙也特意在微博上用了两条微博讲述他与老灯的缘分："'老灯'是我在 1997 年在美国拍摄《尖峰时刻》时无意中发现的，听说是以前上海法租界老洋房里的老灯，被人卖到美国，三三两两地被人买走。我便把余下的 17 盏灯全部买下，放在我香港的家，

上海成龙电影艺术馆

"成龙斗" 雕塑

一放就十五年，我也不知道要用它们做些什么，结果变成一堆废铁摆在那里。……后来有了上海这个艺术馆的项目，我就不断寻找当时的工艺来维护和修复这批老灯。今天终于落户在上海普陀区，当亮灯启动那一刹那，真的非常开心，可以说是回归上海，也可以说是让我放下其中一个心头大事……"

上海法租界老洋房里的老灯，让人联想起20世纪30年代的老上海。那时的上海滩，在今天，仿佛已经被定义成一种风格，代表了经典与复古。

上海地处长江三角洲，受到长江下游杭嘉湖平原的良渚文化的影响，一直是吴越文化的繁荣之所。20世纪二三十年代，上海的发展进入黄金时期，而租界的设立无疑将原本平静如水的吴越文化打乱，加快了将上海由原本的水乡都市向国际化大都市转变的进程。"上海是冒险家的乐园。"这句闪烁着诱人光芒的句子，吸引了无数来自世界各地的冒险家，他们从太平洋彼岸飞到这片土地上，在东方的上海，延续着西方的生活方式。法租界里闪烁的老路灯，既有别于霓虹灯的浮华，也有别于灯笼式的古朴，将西方优雅的古典光影移植到东方，仿佛是上海国际化大都市的一层镀金。

上海历史上的摩登时代早已随风而逝，但作为那个时代的物化形态和历史遗存，梧桐树后的老房子经历了无数风雨之后，依然被整体地保存下来，并赋予普陀区乃至整个上海以一种高贵幽深的气质和特殊的历史文化底蕴。

现在回望老上海，总会给人带来某种怀旧感，那个时期的服装、电影、建筑，如今看来，似乎都是时代的工艺品。那一时期的老上海，既浮华又沧桑，既歌舞升平却又暗流涌动，在那个英雄辈出波诡云谲的时代，在老上海最

上海成龙电影艺术馆

迷人最具欧陆风情的法租界上演过多少生死大义、爱恨情仇。而老路灯的迁徙，又折射着主人充满冒险精神的人生故事。老路灯成为联结传统与现代的时光纽带，其收藏更为成龙增添了与大上海电影世界对话的可能。

老路灯像一段无声的影像，记录着一个家庭乃至一个群体的迁徙——跟随历史的脉络，基本可以想象这些老路灯的前世今生。其主人在 20 世纪二三十年代，曾经入住法租界的老洋房中，它们被主人精心安置在浓密茂盛的梧桐浓荫里，小路两旁的每一个庭院与楼房，几乎都见证了一段段岁月的传奇。

与它们一起出现在记忆胶片中的，是半圆的罗密欧阳台、木质的百叶窗、斜坡大屋顶、宽敞的露台，或许，还有女主人身着金丝绒睡衣、手持半杯红酒慵懒地仰望着路灯，在斜斜的灯影中回忆或者等待的身影。傍晚薄暮，总是它率先打破夜的宁静，目光冷峻地看着主人或忙碌或悠闲地进进出出。

它们是怎么到了这里，是从大洋彼岸被主人带来的吗？不得而知。它们又是怎样从上海跨越大洋，到了美国，也不得而知。这批老路灯，曾经矗立在上海法租界的老洋房的梧桐树荫中，后来到了美国，机缘巧合间，它们和成龙相遇了——20 世纪 90 年代的成龙，正在好莱坞享受着世界瞩目的辉煌：1996 年成龙受邀成为奥斯卡颁奖嘉宾，并且获得了好莱坞的至高殊荣；1997 年 1 月，成龙将自己的脚印手印，还有他那大鼻子的印记留在了好莱坞著名的中国剧院的大道上。1997 年 5 月 6 日的《好莱坞报道》杂志也对成龙充满溢美之词："这位巨星正在进入好莱坞，或者更应该说，好莱坞正在走近他。"也是在那一年，由成龙主演的《尖峰时刻》正在美

上海成龙电影艺术馆

国拍摄，第二年秋季隆重推出。成龙在好莱坞主演的第一部影片《尖峰时刻》，仅在香港一地，其票房累计就高达 7000 万美元，这似乎预示着"成龙热"席卷世界的开始。成龙成为亚洲最受欢迎的演员，其票房号召力无与伦比。而成龙在美国也越来越受到观众的喜爱，他成为美国一套连环画中的英雄人物。在西方人的眼中，成龙成为亚洲面孔的代表。

那时的成龙，已经度过了"为了弥补小时候曾经赤贫而拼命买买买"的补偿心理阶段，转而开始了有节制的收藏。当成龙偶遇摆放在路边、已经失去了往日光泽的老路灯时，其第一反应是，留下它们，带它们回中国去。

回到中国的老路灯与成龙的其他藏品一起躺在偌大的仓库中，又静静地沉睡了十几年，直到成龙筹建上海艺术馆。让曾经在法租界老洋房的老路灯再一次燃亮在上海，岂不是老路灯最好的归宿？为此，成龙又四处寻找能修复老路灯的人。

那些曾经被搁置了半个多世纪的老路灯，灯身已经锈迹斑斑。岁月沉淀的灰尘嵌入到它的身影中，如何让它们恢复往日的高贵与典雅？修复工人们可没少费工夫，那些造型优美的路灯，就在工人们的手掌中寸寸复原；那些锈迹尘灰慢慢消退，仿佛一寸寸的光阴渐露峥嵘。在修复老路灯的过程中，成龙嘱咐工人们，留下尽可能多的影像资料。尽管不知道以后还会不会有人去修复那些跌落在历史中曾经的光影，至少，成龙努力了，把修复的过程一点点留存了下来，并最终让它们穿越历史的隧道，重新燃亮，仿佛收藏了一段凝固的光阴。

或许，人们也可以在成龙收藏老路灯的过程中，得以窥见成龙的某种

成龙在选老灯饰

成龙在香港为上海成龙电影艺术馆挑选 20 世纪 30 年代的老灯

收藏心路历程：成龙对老物件的爱好是发自内心的，他也并没有据为己有的贪心。在物质层面，他早已超越了那个阶段。成龙的收藏，更多的是对精神的追寻，那些闪烁在时间中的光影，点燃了人们对过往的回忆和追寻。对于收藏，成龙从不赋予它们形而上的意义，他也从不愿意对外公布他的责任心，他只是在努力地做，尽自己的所能。

　　如今，那些被成功修复的老路灯，一到傍晚，就次第被点亮，与茂密的法国梧桐相伴；此时光影辐射的周边，是成龙艺术博物馆，"成龙斗"雕塑，以及在周边三三两两散步的市民。这些老路灯的往来变迁，似乎也是上海的一段历史见证。

第十三章

成龙的十二生肖

文物情结

　　当成龙成名后，他接拍的电影有了自己的烙印，他要将自己想表达的思想融入电影中。在成龙的电影中，几乎每一个主人公都有着爱憎分明的正义感。多年来，成龙在他的电影世界中塑造过各种形象，他对自己有要求，他的角色可以狼狈，可以失败，可以软弱，但是不能猥琐，不能下流，不能一蹶不振。他在电影中传递着他的世界观，他的爱国情怀。他的电影里，几乎都要表达同样的主题，要做好人。他演过的所有角色内在的核心都是他自己，他根本就是同一个角色走进了一百部电影里。

　　在成龙的电影中，很容易看到他的爱国路径。成龙的早期电影《龙少爷》中就有国宝流失海外的背景，《醉拳》也和国宝有关。他的电影《天降雄师》《十二生肖》更是将他的拳拳爱国之心表露无遗。

　　"我拍每一部片子都是有原因的，都是有东西要讲的。不像以前拍《尖峰时刻》，没有原因，给我钱就好。我最不喜欢《尖峰时刻》，偏偏它在美国、欧洲大卖。"成龙说，"比如《新宿事件》，我就是跟所有中国人讲，别移民，没有一个国家会比自己的国家更好。比如《神话》，有那句台词：没有人可以从别人的国家抢走人家的文物摆在自己国家的博物馆，说是帮人家保管，其实是想据为己有，这是可耻的行为。"后来，这句台词又被他扩展成一整部电影——《十二生肖》。

台北"故宫博物院"南部院区室外展区

　　电影《十二生肖》以当年八国联军火烧圆明园，致使大批珍贵文物流落海外为背景，讲述了成龙饰演的国际侠盗杰克（主人公与成龙的英文名字相同）与各怀技能的左膀右臂，为寻找流落全球各地的圆明园兽首，同诸多势力集团展开一场惊心动魄的夺宝之旅。在寻宝过程中，杰克被关教授父女的爱国情怀所感动，一向惜金如命的杰克在最后关头放弃了金钱，转而帮助关教授父女全力挽救国宝。这部电影成为成龙的第一百〇一部电影，也成为唯一获得吉尼斯世界纪录认证的华语影片。吉尼斯方面认证成龙为"一部影片中身兼职务最多的电影人"吉尼斯世界纪录保持者，此外，成龙也凭借多年来的搏命演出获得"表演特技最多的演员"吉尼斯世界纪录保持者。

　　成龙从不放弃在电影中加入自己的人生观、价值观，这一次更是如此，他的电影《十二生肖》第一次初剪结束后，各投资方和制片人看完了提意见，平日合作中随和的成龙却在这一次强硬起来。所有关于电影节奏的意见他都可以接受，但有一点坚决不改，就是有一些台词中他对文物保护和环境保护要说的话。出品方王中磊回忆："很多投资人觉得大哥你这个电影已经透露出了爱国和环保，用不着再讲一遍台词强调，剪掉它，电影会更快一点。他就是不肯。我们开导他说，大哥你可以在电影首映礼上把这个话讲一遍，那是你作为成龙时，可以说的。但在电影里，你是被写出来的侠盗，侠盗不说这样的话。他会想很久，最后说虚心听取，坚决不从。"

　　《十二生肖》这部电影酝酿已久，最初触动成龙的是几次兽首拍卖会。2000 年 4 月 30 日，香港佳士得拍卖会上，圆明园海晏堂景区十二生肖喷泉中的牛首和猴首分别以 714 万港币和 818 万港币成交；同年 5 月 2 日，苏富比拍卖会上，虎首又以 1544 万港币成交。国宝流失海外，成为拍卖会上的拍品，这给成龙很大的震动，他随后就与一直与他合作的编剧商量，能否以此为题材做一部电影。随即开始了长达十余年的剧本创作，每当听到与文物收藏相关的故事，成龙都会想办法使之融入其中。在这期间，他也深入了解了圆明园十二兽首的历史——

十二生肖兽首铜像铸造于乾隆年间，由欧洲传教士、意大利人郎世宁主持设计，法国人蒋友仁设计监修，清宫廷匠师制作，原物原为圆明园内海晏堂前的水力钟构件。被誉为"万园之园"的圆明园，是一个历时百余年的浩大工程，园内的海晏堂是西洋楼群中最大的宫殿。海晏堂正楼朝西，阶前有大型水池，池左右呈八字形排列着十二只兽面人身铜像。十二生肖昼夜依次轮流喷水，各一时辰（2 小时），正午时刻，十二生肖一起喷水，俗称"水力钟"。作为海晏堂建筑群的精华，十二生肖兽首铜像以水报时，闻名世界。

1860 年英法联军火烧圆明园，无数珍宝惨遭抢掠，十二生肖兽首铜像下的石雕被砸碎，12 件兽首铜像也从此流落海外。"圆明园不计其数的珍贵文物精品流落世界各地，成为中国人心中永远的伤痛，而被公然拍卖更是在伤口上撒盐。"具有家国情怀的保利文化集团、专注弘扬中国文化的相关负责人曾感言道。

至 2013 年 6 月，在中国保利集团、澳门爱国人士何鸿燊、法国皮诺家族等国内外力量的联合推动下，现身的 7 尊兽首已悉数回归，耗时近两个

成龙十二生肖兽首复制品

世纪，耗费上亿资金。牛首、猴首、虎首、猪首，现收藏于保利艺术博物馆；马首由何鸿燊斥资 6000 多万港元购得，后捐赠国家；鼠首和兔首现收藏于中国国家博物馆。龙首传说在台湾，保存完好，但至今未露面；而蛇首、羊首、鸡首、狗首仍下落不明。

造于清代极盛期，于清代衰落期被劫掠，如今在中国再次复兴的时刻，兽首铜像回归祖国。在不遗余力地抢救国宝的保利集团看来，圆明园兽首的传奇身世，是中国近三百年历史的浓缩。

圆明园兽首回归，不单是一件珍贵文物的归还，更体现了一个国家和民族对自身文化和文化遗产的态度。它不仅激发人们的爱国情怀，更具有警世通言的作用。

十二兽首具有如此深的爱国意义，成龙愈了解愈是对剧本要求精益求精，耐心打磨。从有了拍摄《十二生肖》的想法到真正开拍，成龙又参与主演或导演了多部影片，但一直没有停止对这一文物保护题材剧本的打磨。多年的积累，让剧本愈发饱满生动，一直到 2012 年，《十二生肖》电影上映，历经了 12 年的创作积累。

成龙团队为了最大程度接近原品，在开拍前几年就开始研究十二兽首，自 2009 年成立团队以来，曾前后成立 3 个工作小组：一个是由文物学者及艺术家组成的前期研议小组；一个是由亚洲权威电影美学大师组建的电影艺术道具小组；一个是由身兼成龙艺术总监的艺术家及中国传统精造制作工艺师组成的艺术典藏研制小组。为做到精益求精，成龙特意到保利博物馆，博物馆也将三件兽首全部开箱，让他近距离观看。"我们拍了大量的照片，全部细节都有拍到，在制作的时候，完全按照一比一的比例。"前期研议组的专家们经过　年半的交互考究与思辨，取得在工艺工法方面的共识；艺术典藏研制组在此基础上，进行艺术典藏品的深度研究造型设计、创作工作；电影道具组则依循专家共识着手制作电影所需道具。在这样工序繁复、无法计算工时的情况下，摄制组在长达三年的制作时间里，经过母模、硅胶模、蜡模制作、熔炼、铜浇铸、去石膏、打磨、找瑕疵等多道工序，用95%的铜在1800摄氏度的高温下一体成型。更有国宝级书画大师黄永玉亲笔题写的"十二生肖"字样镌刻其上，被圆明园方誉为"当代十二生肖兽首"。负责制作的工作人员说，成龙绝对是在按照艺术品的标准在制作兽首，"大哥都是玩真的，玩枪是真枪，玩车是真车，玩艺术也都是真的艺术品！他是一个很坚持的人，制作过程中打掉的兽首不计其数，首批的4套48个最后只通过了6个。这三年我们一直在赶工制作，但真的是很勉强地完成了3套"。

成龙说："这比我想象中要难很多。我很清楚这十二生肖的兽首只是圆明园里的一处喷泉景观，但从文物价值上说，它们是圆明园的一个标志，所以对于中国人来说，是有情结在里面的。"

"从一开始，在电影开拍之前，我就已经想清楚了，它们是要做成艺术品的、做成一个能够传达讯息的'时空胶囊'，让更多人理解到：人类的文化遗产是属于全世界的，无论在哪个国家、无论民族强弱，文物都不应该被任何人侵占，学会尊重不同文明的文化应当成为全人类的共识。"

成龙主导重塑的"新十二生肖"，"新"在创意与工艺。在兽首原型基础上，融合了中国近代装饰细节美学特点与西方当代的线条、结构、造型等美学观，并使两者相得益彰，继以更具保存性的铜合金浇铸制作而成。

而艺术品复制，在博物馆藏方面也多有先例。为了有利于藏品的保存，博物馆依照藏品原件的原状进行制作，以复制件代替藏品原件使用。

中国的复制技术有着悠久的历史和丰富的经验。在中国博物馆藏品中，保存着不少前人的文物复制品，如宋摹晋唐书画，宋仿商、周、秦、汉青铜器等。由于时代久远、工艺精湛，这些复制品已成为历史文化遗物，被博物馆收藏。随着人类社会的发展，文物复制技术也日臻成熟。现在对青铜器、铁器、陶瓷、漆器、纺织物、书法、绘画、文献、牙雕等各类文化遗存的复制，不仅继承了古代各种器物复制的独特工艺，而且与科技手段相结合，发展了传统的复制工艺。

一般艺术品复制都有以下几个原因：有的是藏品已严重受损，虽经保护技术处理，仍难长久保存的和濒临毁坏且有珍贵价值的藏品，须进行复制；有的是藏品未完成或暂不能完成保护技术处理，为使观众早日见到藏品，可用复制品展出；有的陈列环境不佳，为避免藏品受损，亦用复制品代替；也有的博物馆为充实丰富本馆陈列内容，须展出非本馆藏品，也用复制品取代；另外，私人收藏家将自己的珍藏捐献给博物馆收存，博物馆则可将复制品回赠原物主，以资纪念。

艺术品复制的要求很高，复制品必须忠于藏品原件的原状，具有真实性，保证复制品的质量。对普通的复制品，要求在造型、规格、纹饰、文字、色彩、质感、风格、完残等方面，均与原件保持一致，使复制品与原件在外观上

成龙捐赠台北"故宫博物院"南部院区的十二生肖兽首陈列在公共展区

成龙与十二生肖兽首

难辨真伪，这类复制品适用于陈列。对要求标准高的复制品，除保持外观一致外，在材料质地、化学成分、物理性能、重量、硬度、音响、手感等方面，也要与原件基本相同。对藏品原件残缺，而又须恢复原状的复制品，必须有科学依据，不应随意创造；复制工艺过程，必须确保藏品安全无损。复制品应注明标志，避免真伪不分，造成混乱。

如上所述，经专家团队数年打造的"十二生肖兽首"完全符合艺术品复制的技术要求。2012年10月30日，成龙向海淀区圆明园管理处捐赠了"十二生肖兽首"艺术复制品，"新十二生肖兽首"从此将入驻圆明园遗址公园。北京市文物局局长与成龙一起出席了这一仪式。发布会上圆明园方首度对外公布，成龙早在两年之前就接过了"圆明园文物回归形象大使"这个称号，他一直低调行事对追回国宝尽心尽力。成龙将制造如此精细复杂的艺术品捐赠给圆明园，反映出其"物归原主"的期望。在捐赠仪式上，成龙说："这比赠送给友人更有传播力。因为将兽首摆放在圆明园这样一个具有历史意义的地方，人们便可以随时参观，那么我期望保护文物的精神就能够超越个人的生命而一直延续。"

目前就全世界范围来看，多元的公共艺术行为虽然百花齐放，但却鲜有涉及义物保护、文明尊重相关的议题，从这个角度来说，当代十二生肖兽首正是成龙心目中一个最具国际辨识度的绝佳载体。

第十四章

成龙的家国情怀

　　成龙在公共场合中，常常会谈到"爱国"，这是成龙发自内心的声音。

　　新中国成立 60 周年人庆典礼时，成龙站在人民大会堂楼顶演唱了一首由著名词作家王平久作词的《国家》。在接受媒体采访时，成龙兴奋地讲："我多幸运，上面都是有狙击手躺在那边。上去还得验身份证，我不用查，让我上去了。站在顶上唱，唱完以后九大常委走下来，是一个荣誉啊！我们不管政治那些，我们就讲下载，这一首歌有 5 亿人下载，哇！"

　　在许多场合，成龙都会即兴唱起这首歌。"因为我觉得很好听，旋律和词都很好。'一玉口中国，一瓦顶成家，都说国很大，其实一个家。'这太厉害了。'一心装满国，一手撑起家，家是最小的国，国是千万的家。'你看，这'国''家'，'家''国'连起来，多厉害。"有时说着说着，他又会唱起来，一口气唱完了所有的歌词，才接着下面的话题讲下去。

　　在电影《A计划续集》中，吕良伟与成龙之间有一段台词让人记忆深刻。

　　——吕良伟：加入我们革命行列一起挽救中华民族，如果我们能多几个像你这样好身手的人，成功的机会便大很多。

　　——成龙：我不会参加的。

　　——吕良伟：你还生气我们栽赃嫁祸的事，所谓成大事不拘小节，我们为了革命成功，就算我们自己都随时准备牺牲。

——成龙：这个就是我不愿意加入你们的原因，我是一个很拘小节的人，无论我的目标是多正确多动听，我也不会但求目的不择手段，做一些为非作歹的事。其实我也很佩服你们，因为你们才是做大事的人，我也明白要打倒清政府是需要很多人抛头颅、洒热血、不怕牺牲。但是我不敢叫人家这样做，因为我不知道叫这么多人牺牲后，得到的结果是什么，所以我很喜欢当警察，因为我觉得每一条人命都很重要，我要保障每一个人安居乐业，就算一个四万万人的国家，都是由一个个人组成。如果不喜欢自己的生活，哪里还有心思去爱自己的国家呢？

这段台词正是成龙内心的真实写照，所以在他的电影中，他就是一个普通人，心地良善，侠义胸怀，竭尽所能帮助身边的人。爱自己的生活，爱身边的人，爱自己的国家。

……

这就是成龙，他和他的价值观在他的电影中随时可见。尽管有人为此说他的电影中说教太多，他也不在乎。在他看来，这是应当秉承的坚持。

在他的电影《天降雄师》庆功宴上，成龙又一次谈起"爱国"这个话题。《天降雄师》讲述了保护丝绸之路的故事。当主持人白岩松问到这是否和国家提出"共建丝绸之路经济带"政策有关时，成龙笑着回应，这是很多年前就想拍摄的题材："你们查我以前的记录，我虽然是个粗人，但一直爱国到今天。再说人不应该爱国吗？爱国有罪吗？如果爱国被人骂，那你们骂我吧！"他更是强调："我30年前拍的电影都是爱国题材，我希望我的每部电影都能传递爱国情怀。"

　　成龙的爱国并不仅仅停留在口头上，他有身为一个中国人的自豪感。成龙坚持给出生在美国的儿子房祖名寄国内的经典电视剧 DVD，和他用汉语沟通；他在《艺术人生》的节目上，呼吁大家不要追求国外的名牌，本土的东西是最好的；每逢有重大场合，他总是身着唐装出现……

　　"我们现在都要争着去人家的星光大道上留手印脚印，总有一天我们自己也要搞一个这样的地方，让他们也争着来我们这里！"成龙用最质朴的话表达着自己作为一个炎黄子孙的豪情。成龙在银幕上塑造了一个个健康、乐观、勇敢、正直、自信的中国人的形象，他曾说过："走到哪里不能给中国人丢脸。"这也是他爱国最实际的表现。

　　电影《红番区》席卷好莱坞，也奠定了成龙的世界级巨星的地位。在某种程度上，这也是成龙闯世界的隐喻。能忍则忍、无奈交保护费是老一辈华人在美国的生存指南。成龙所代表的新一辈华人，他们更自信，勇于与恶势力做斗争。从超市中初露身手使用中国功夫轻松地制服偷东西的地痞，到最后单枪匹马战胜庞大的气垫船。每一次出手都渗透着中国传统的侠气与正气，中国传统道义在西方文明的世界里发挥着自己的巨大作用，而让西方人认识到这一点的正是成龙。东方平民英雄是成龙影片中的经典形象，而影片情节所体现出来的纹理血脉和东方文化实质密切相连。成龙在一定程度上是中国面孔的象征。

　　话题再次转到《十二生肖》。2012 年，成龙 58 岁，历时 12 年的电影终于拍摄完成。"献给父母"郑重地写在《十二生肖》的结尾处。他说自己是不流眼泪的人，腿摔断、头重伤也难得流泪，《十二生肖》杀青的那天却抑制不住地哭了。他有太多感慨。

"起初，《十二生肖》的投资是4000万元，我用了3200万元，一个镜头都没拍，于是每天都有电话过来，几时拍啊？你为什么拍别的影片不拍这个啊？我就把钱还了。不拍就是因为我自己没有准备好，我早不需要为了拍而拍了。"成龙说，"排在赚钱之前的目的是自由，必要时，要付得起钱给自己买自由。"

《十二生肖》的最终投资近3亿元，当最终把所有的制片人凑在一起时，成龙说他开诚布公地和大家说明的是，拍这部戏是为了完成一个梦想。"不要太浪费，也不要太省钱，要当人是人。我这部戏不会亏多少，亏了我也亏得起。"

《十二生肖》拍摄了整整一年，平均每一场打戏拍下来，短则一个半月，长则三个月。空降的飞行镜头15天才拍了6个，又为了3个镜头整个剧组转战瓦努阿图火山。那是极其辗转的旅途，先飞抵澳大利亚，再飞维拉港口，最后乘船抵达火山岛。还有拍摄场地的选择，更是为影片的场景布局如虎添翼，尚蒂伊城堡和孔代博物馆首度开放"禁地"，允许《十二生肖》电影剧组进入其中。以路易十六座椅等国家级文物作为片中道具，为片中的重头戏拍摄助一臂之力。尚蒂伊城堡是奥尔良的路易·菲利普的儿子奥马勒公爵的城堡，而路易·菲利普在1830年担任法国国王，城堡美丽的景致和它的收藏品几乎件件价值连城。从神秘豪华的皇室古堡到风光旖旎的拉脱维亚，由海底寻宝到火山抢龙首，拍摄地可谓是海陆空全景覆盖。《十二生肖》电影早已超越了一部普通的作品，它更是关乎着成龙的梦想。

《十二生肖》海报

在这部电影中，观众依旧可以看到成龙电影中的关键词：国宝、文物、爱国。也因此，在《十二生肖》电影完成后，艺术品制作工艺组并没有停止工作，继续为精准复原十二生肖兽首铜像努力。

继成龙将十二生肖兽首铜像捐赠给圆明园，永久放置在圆明园遗址公园后，他又将一套十二生肖兽首铜像捐赠给新加坡，放置在新加坡亚洲文明博物馆，供往来参观者观摩。圆明园捐赠的意义不言而喻，新加坡对于成龙也有特殊的情感，新加坡有他收藏的古建，这两个地方，都是成龙的情感所系。接下来，成龙捐赠十二生肖兽首的地方选在了台湾。

2015年12月28日，成龙在微博中也写道："昨天从山东飞抵台湾，特地参加'故宫'南院的开幕典礼。这是继新加坡亚洲文明博物馆之后，第二个博物馆珍藏我制作多年、捐赠的十二生肖铜头。历经多位美术设计师与团队的辛劳，今天终于矗立在南院主要院区，呈现祥和与庄严，我感到很兴奋、欣慰。真希望更多人都能感受到我的初衷——保护文物、尊重文明。"

也是在这一天，一则新闻刷遍娱乐圈。台北"故宫博物院"南部院区开幕，成龙捐出"十二生肖兽首"在中庭展示，遭遇"泼漆"，引发统战、赝品的议论，成龙与兽首文物在《十二生肖》电影热映三年后，再次引起了人们的注意。

一时间，在各大网站上，关于成龙捐赠兽首事宜，成为网友们的热议话题。

一个台湾人的留言：身为台湾人，看到这则新闻时的感想是完了，又

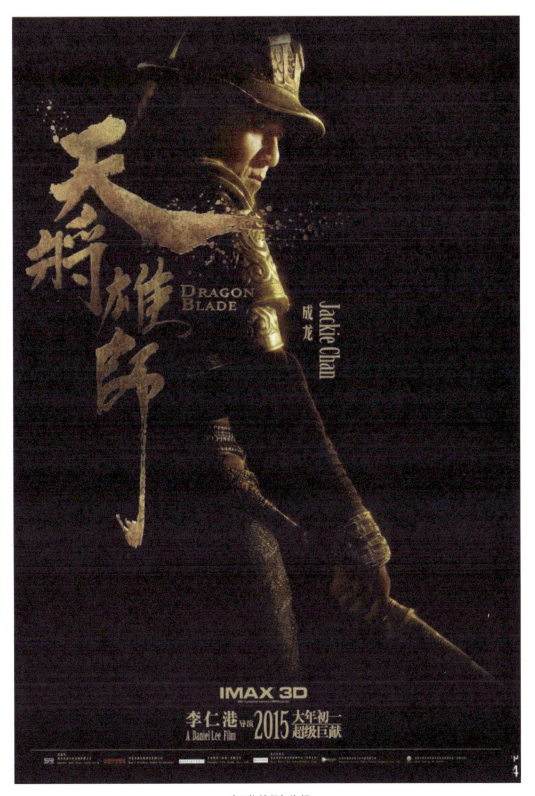

《天将雄师》海报

《神话》海报

多了一件蠢事可以给对岸笑话了，说这种话既看不起对岸的统战参谋的智商，更是看不起自家人的智商，如果说两个兽首能带来文化统战的效果，那放在台北"故宫"的那些文物岂不是更危险？那些才是真真正正从大陆带来的、有文化传承意义的文物啊！是不是也都应该拿出来一把火全烧了？

有网友表示：在正常情况下，居民对某处公共设施不满，要么报请有司拆除，要么请议员去相关机构陈情解决，若是都不奏效，还可以游行抗议。因为公共物品不是因一己之好恶存在，要处置也要付诸公议和法律程序。现在不分青红皂白就泼一桶油漆了事，可见台湾不仅民主这块遮羞布千疮百孔，连法治这块社会基石也摇摇欲坠。

也有网友说：我在新加坡亚洲文明博物馆也看到了成龙捐给新加坡的圆明园兽首，但没见到新加坡人泼红漆，或说是文化统战。回溯成龙捐赠兽首事宜，早在 2013 年，成龙的团队与台北"故宫博物院"接洽，商议捐赠细节，台北"故宫博物院"看过影像与实物，并请专家经过讨论，认为这些作品十分精细，可丰富兴建中南院 70 公顷广阔园区之户外公共艺术作品。

台北"故宫博物院"发声明指出，成龙捐赠的兽首传达了尊重文物、保护人类文化遗产的普世价值，"故宫"审慎评估后才请建筑师纳入设计。且"故宫"大部分典藏源自清宫旧藏，都是中华文化艺术的精品，若展出中华文化相关文物就是统战，"故宫"如何营运下去？成龙也表示：尊重"故宫"南院的处置。捐赠兽首的初衷只是尊重文明、保护文化，但也尊重并宽容不同的声音。面对质疑声，成龙依旧秉承"岂能尽如人意，但求无愧于心""人在做天在看""清者自清"的信念。

台北"故宫博物院"在 2015 年 12 月 29 日晚特别发出说明稿，全文如下.

有关成龙先生捐赠台北"故宫博物院"当代艺术十二兽首一事说明如下：

一、陈港生（成龙）基金会于两年多以前，将他们艺术总监设计创作的当代艺术十二兽首影像寄来本院，询问本院是否同意接受捐赠。

二、本院经过讨论，认为从送到的影像看来，十分精细，可丰富兴建中南院 70 公顷广阔园区之户外公共艺术作品，遂请基金会送来实物本院再进行评估。

三、实物送到后，经本院同仁再评估，确认十二兽首做工精细，可作为"故宫博物院"南部院区之户外当代公共艺术作品。遂将影像送姚仁喜建筑师总评估，是否纳入南院区户外之公共艺术作品。姚仁喜欣然接受，并着手规划设计。

四、本院接受后，要求陈港生基金会不能先行宣传，并予以保密，直到"故宫"南院区正式试营运开幕时再行发布。

五、至于成龙先生制作十二兽首公共艺术的原因，及本院接受捐赠的原因，请看成龙先生的书面说明。

台北"故宫博物院"同时公布了一封发自成龙国际集团艺术部"致全球博物及文化工作者——来自成龙先生的一封信"，内容主要在陈述成龙决定打造十二生肖兽首铜像，源自 2000 年第一次注意到有国际拍卖行拍卖

捐赠台北"故宫博物院"南院的十二生肖兽首

《十二生肖》剧照

圆明园十二生肖兽首的消息，次年又拍了一个虎首。经过数年与艺术团队的研究，不只是要模仿或还原，而是要做成艺术品，做成一个能传达讯息的"时空胶囊"，让更多人理解人类的文化是属于全世界的，无论是哪个国家、无论民族强弱，文物都不应该被任何人侵占，学着尊重不同文明的文化，应当成为全人类的共识。

成龙国际集团艺术部"致全球博物及文化工作者——来自成龙先生的一封信"全文附录如下：

各位亲爱的朋友，大家好！

很多人问过我，是什么原因让我想要打造这十二生肖铜头？在这里，我也想跟大家分享一些我心中的故事。大约在 2000 年的时候，我看到新闻说国际上有间拍卖行拍卖了一个圆明园的文物——十二生肖的兽首，这是我第一次注意到这件事，然后隔了一年，竟然又拍了一个虎头！我就开始想要认真研究这个事情，还找人去调查它的历史背景，因为这真的触发到我内心一直在反复思考的很多事情。

一直以来，我都会在我的电影里去讲一些我对于文物保护、文明尊重的想法，除了《十二生肖》，还有《飞鹰计划》《神话》等等。我也是在电影里慢慢学习的，并且有了越来越多、越来越深刻的感触，我觉得这本来就是每个人都应该去做的事情。老实讲，再造十二生肖这个想法我想了很多年，因为十二生肖本身就是一个最好的议题和代表，它的故事全世界都知道。但从想到做又花了更久，其中的过程真是很复杂，好几年的时间，从找负责人、设计、研究，到找师傅，不断试、不断修，失败了又再做，完全不计成本，因为我跟艺术团队的共识就是要做好，而不仅仅是模仿或还原。从一开始，在电影开拍之前，我就已经想清楚了，它们是要做成艺术品的、做成一个能够传达讯息的"时空胶囊"，让更多人理解到：人类的文化遗产是属于全世界的，无论在哪个国家、无论民族强弱，文物都不应该被任何人侵占，学会尊重不同文明的文化应当成为全人类的共识。

我真的很想让这样的理念留得更久、散得更远、遇见更多人、也引发更多的思考。所以我要把这些铜头捐出来，分散到全球各处，并且尽可能地跨种族、跨地域。现阶段，很高兴也很感谢，我们已经完成了新加坡国立亚洲文明博物馆的捐赠仪式和展览，今天也完成了台北"故宫博物院"南部院区的揭幕，另外仍有几家博物馆正在讨论中。我们未来的目标是要最终完成七套铜头在世界七大国际级博物馆的永久入驻，可以把铜头所蕴含的理念，在不同族群、不同社群，不管是一百年还是更久以后，都能够一直传递下去。

衷心感谢大家的支持！

成　龙

2015 年 12 月 28 日

此外，成龙在 29 日的脸书上也提到这是继新加坡亚洲文明博物馆之后，第二个博物馆珍藏他制作多年、捐赠的十二生肖兽首铜像，希望更多人能感受到他的初衷——保护文物、尊重文明。

关于成龙捐赠的缘起、心路历程，台北"故宫"的声明，成龙团队的回应，以及成龙致全球博物馆及艺术工作者的信，已经说明了一切，不再赘述。成龙制作、捐赠十二生肖兽首铜像的脚步，并不会因为被台北个别民众的不理解而停止。

在电影《十二生肖》中，有一个镜头：成龙扮演的国际大盗从几百米高的山壁翻滚而下，脖子扭曲，双脚脱臼，满脸伤痕累累，双目充血，眼神迷离，膝盖微颤着不支倒地，却仍执着地用尽残力搜寻铜首的影子，这是对在华语影坛越来越稀缺的搏命精神的超凡诠释，某种程度上而言，也是成龙执着收藏、传承文化的写照。

中国传统文化博大精深，成龙自收藏进入其中，始终抱有虔诚的学习之心。年纪越大，对文化传承的缺失越是担忧，社会责任感也越重，能保护一个是一个，能传承一点是一点，能为中国文化走出去做一些事情就尽力去做，成龙的收藏观很朴素。他在文化收藏与保护方面所付出的努力，如果放在百年之后看，意义或许更胜于现在。然而，成龙并不在意这些，他在意的是，追随自己的本心，做力所能及的事情。即便被误解，又有何妨？

是的，把一切交给时间，时间给善良、正能量、委屈、无奈、误解等一切的一切准备着答案，时间的能量无比强大，它验证着一切、冲刷着一切。

也是在《十二生肖》电影宣传放映期间，成龙有一次在微博写道："拍了几十年电影，打了几十年，今天忽然想问一问，如果有一天我不打了，你们还会来影院看我吗？"瞬间引发网友数万温情回复。坐在电脑那一边的成龙看着影迷们发自内心的真情流露嘴角会有会心一笑吧。

成龙真正打入好莱坞的时候已经年过四十，《红番区》中，他已过不惑之年，在亚洲早已功成名就，拥有财务自由，他可以选择最舒服的方式隐退江湖。但是他没有，他还在努力、在拼搏，他还要冒着生命危险飞跃高楼，不用替身，不炫技术。

他初次与斯皮尔伯格见面，很紧张，问他，你怎么样能让恐龙和人出现在同一个镜头里。斯皮尔伯格说，很简单，按这个这个还有这个按钮就好了。他反问成龙，你怎么样才能拍摄出从这栋楼跳到那栋楼的镜头？——外国人的电影都是生命第一，演员不会冒险去跳楼的，不说跳不跳得过去，就算过去了，那个角度过去也很难不受伤。成龙说，更简单，开机，跳，医院。

这就是成龙风格，片花里一瘸一拐，片花里头破血流，片花里一遍一遍重来，只能在电影末尾里看，电影中的男主角还是那个维护正义、心怀侠义的英雄好汉，他在电影里完成了对世界的想象，在电影中，他用胶片凝固了一段时间。

收藏，则是他在用另外一种方式延续着他的理想世界。纵观他的电影，摩天大楼、霓虹闪烁的外壳里，历史、文物、中国传统文化是内核。所以，在拍电影之余，他总是不放过任何一个机会去学习，在收藏的过程中传承中国传统文化。成龙的收藏，无形中构建了他的精神世界。在收藏中，投射着他的仁孝、爱国、人义。

电影作品将他的身影永远留驻在时光胶片上，而收藏，则是将他的精神世界以另一种方式留存。

尾声

就在本书结稿时，新华社播发了有关古民居保护的新法规。这条法规的颁布，也让我们看到了古民居保护的希望，虽然有些晚，但也是有无比积极的意义。

附：

住房和城乡建设部、国土资源部、公安部关于坚决制止异地迁建传统建筑和依法打击盗卖构件行为的紧急通知

建村〔2015〕90号

各省、自治区住房城乡建设厅、国土资源厅、公安厅，直辖市建委（房屋管理局）、国土资源局、公安局，北京市农委：

传统建筑是民族生存智慧、建造技艺、社会伦理和审美意识等中华文明成果的集中载体，是难以再生的珍贵文化遗产。但是，近年来异地迁建传统建筑、盗卖传统建筑构件等现象日趋严重，不少传统建筑遭到破坏，为制止和打击这些破坏行为，现紧急通知如下：

一. 抓紧开展传统建筑调查建档和挂牌保护

传统建筑是指使用传统材料、具有传统形制、运用传统工艺建造的民宅、祠堂、庙宇、牌坊、书院、名人故居等建筑，包括中国传统村落中列入规划保护对象的建筑，以及其他具有保护价值的建筑。传统建筑构件是建筑结构和装饰的组成部分，含梁、柱、门窗、砖木石雕件等。

省级住房城乡建设部门要组织开展本地区传统建筑调查、建档和挂牌保护工作，制定传统建筑认定标准，做好技术指导和监督检查。县级住房城乡建设部门具体负责传统建筑调查、认定、建档和挂牌保护工作；组织调查传统建筑产权、建成年代、形制结构、保存现状等房屋信息以及构件信息，拍摄对应照片并编号；根据省级制定的传统建筑认定标准，对调查的传统建筑进行认定，并建立认定传统建筑档案；对认定传统建筑实施挂牌保护，制作标牌在显要处挂出。传统建筑调查可参考传统村落普查、传统民居调查等现有资料，如已有资料不符合建档要求，应重新组织调查。省级住房城乡建设部门要于2016年6月底前汇总本地区认定传统建筑名录和档案数据（附电子版），报住房城乡建设部。

二、禁止擅自拆除和异地迁建传统建筑

任何单位和个人不得擅自拆除认定传统建筑。县级住房城乡建设部门

要与认定传统建筑所有权人签订保护责任书，明确所有权人不得擅自拆除传统建筑。因拆除传统村落中认定传统建筑，严重破坏村落布局、环境、历史风貌的，由有关部门按程序撤销认定传统建筑所在村落的中国传统村落等称号。在中国传统村落中拆除认定传统建筑的，住房城乡建设部将对其所在地县级住房城乡建设部门进行通报批评。

认定传统建筑应实施原址保护，不得实施异地迁建。认定传统建筑异地迁建的，迁出地所在的县级住房城乡建设部门应报请当地政府追回。省级住房城乡建设部门建立应追回的异地迁建认定传统建筑名录，定期公布追缴信息，信息共享。迁入地所在的县级和县级以上住房城乡建设部门不得为所迁入的认定传统建筑办理各类规划、施工许可证，不动产登记机构不得为所迁入的认定传统建筑办理不动产证书、产权登记。各级住房城乡建设部门要加强巡查，发现异地迁建行为要予以制止并责令停工，任何单位不得纵容异地迁建行为。住房城乡建设部、国土资源部将对制止异地迁建不作为并违规办理各类规划、施工许可以及不动产权证书、产权登记的单位进行公开通报。因国家重点工程、重大基础设施建设等公共利益需要必须异地迁移认定传统建筑的，应按照有关法律法规规定办理审批手续，并征得房屋所有权人同意，由县级人民政府不动产登记机构办理相关登记后，实施就近迁移保护。

三、加强传统建筑交易管理

国有的认定传统建筑所有权不得买卖。非国有的认定传统建筑所有权可以交易，但不得进行搬迁。县级住房城乡建设部门应真实、完整记录每一笔非国有的认定传统建筑交易行为，县级人民政府不动产登记机构登记房屋产权变更和双方的信息。对擅自拆卖认定传统建筑的，县级人民政府不动产登记机构不予办理产权变更登记。各级公安部门加大对盗窃认定传统建筑和构件违法犯罪行为的打击力度，对违法犯罪分子形成震慑。

四、做好群防群控

县级住房城乡建设、公安部门应加强对认定传统建筑的日常巡查，有条件的应指导、督促认定传统建筑所有单位、个人落实相应的安防措施。要引导公益热心人士义务参与认定传统建筑的日常看护，探索发起认定传统建筑一对一监护的志愿者保护等行动。县级以上住房城乡建设部门要设立举报电话、举报邮箱等，接受群众提供认定传统建筑异地迁建、偷盗等举报线索。动员志愿者利用微博、微信等媒体积极举报破坏行为，鼓励媒体主动曝光。

五、开展专项督查

住房城乡建设部、国土资源部、公安部将联合开展打击和制止认定传统建筑异地搬迁和盗卖等行为的专项督查。重点督查中国传统村落中违规实施异地搬迁的行为，传统建筑调查、认定、建档、挂牌工作的进度和质量，各地防范机制的建立及有效性等问题。省级住房城乡建设、国土资源、公安部门要组织开展自查，掌握认定传统建筑异地搬迁、构件盗卖等情况，及时发现、及时制止。

中华人民共和国住房和城乡建设部

中华人民共和国国土资源部

中华人民共和国公安部

2015 年 6 月 19 日

附录一 《新闻1+1》成龙："古建之谜"！

——白岩松专访成龙

日　　期：2013年5月10日

采访人：中央电视台主持人白岩松

受访者：成龙

旁　　白：他自称这是中国建筑艺术的精髓。

成　　龙：这是一些民居，应该是一个很好的、很有文化的中国建筑物。

旁　　白：这是他的收藏中非常珍贵的徽派古建。

成　　龙：现在我还有十栋在香港。

旁　　白：4月4号，成龙宣布将四栋徽派古建捐给新加坡。

成　　龙：开始施工了，应该是2014年尾，2015年就完成了。

旁　　白：珍贵古建，成龙为什么要选择新加坡，而剩下的古建他又会

白岩松专访成龙视频截图

做何选择？

成　龙：我都60（岁）了，在我有生之年，我希望快点把东西全部捐出来。

旁　白：质疑声中，成龙表示会找合适的机会坐下来细细说。今天他面对镜头，接受白岩松的专访。《新闻1+1》今日关注：成龙"古建之谜"。

白岩松：你好观众朋友，欢迎收看不是直播的《新闻1+1》。4月4号的时候，成龙连发4条微博，让大家知道了他要把自己收藏的四栋老房子捐赠给新加坡。4条微博激起千层浪，各种声音都有。之后呢成龙说，找一个合适的时机，把这个故事好好给大家讲一下。今天，我们就采访成龙，不过还是要先从那4条微博说起。

一

20年前经人介绍，我在国内买了10间安徽的古建筑，本来想着找一块地，把老房子重新建好，让爸妈住。不料爸妈都在十多年内相继离开。这十栋包括厅堂、戏台、凉亭的徽派木建筑，便一直躺在仓库里成为白蚁的食粮。这些老建筑，是中国建筑艺术的精髓，如果不摆出来让人欣赏实在浪费。

旁　白：4月4号晚，不到10分钟成龙一口气发了4条微博，其中最引发外界关注的消息是：十栋被他称为是中国建筑精髓的徽派木建筑，成龙说他已经答应把其中的四栋捐赠给新加坡科技设计大学。同时他还表示，在看了对方周详的考证和对周边环境的设计后，几乎有冲动，想把其余那六栋也捐给他们。成龙的决定立刻引发了网友的热烈反应，有支持、有理解，更有争议，甚至是明确的反对。民间的讨论也引得舆论迅速跟进，有媒体报道称：这些建筑的材料多为紫檀木等名贵木材，有两百年到四百年的历史，市值上亿元。有专家提出就地保护，才是保护徽派古民居的最佳方式。面对各界争论，4月9号，成龙通过微博做出回应说：没想到捐房子的事情弄得沸沸扬扬，其实我很想找机会把这件事从头到尾讲一讲，因为这是一个很有趣的故事，只是三言两语说不完，要找合适的机会坐下来细细说。不过有些话可以干脆利落地讲，请你们放心，成龙不会做违法的事，更不会做对不起民族的事。

这些徽派古建筑，究竟将归于何处，也引起了不少地方政府的关注。安徽黄山市就向成龙抛出橄榄枝，希望可以把这些古建筑安置在黄山市郊进行保护，并表示已经选定了10亩最好的地块留给他们。同样有此想法的还有浙江、徐州等地，容城县和义乌佛堂镇也相继向成龙发出邀请，但成龙却一直保持沉默。首批捐出的这些古建筑为什么要选择新加坡，捐赠已经进行到了什么样的程度，这些古建筑又算不算得上是文物，剩下的六栋又会做何安排呢？

白岩松：你现在有没有后悔，当初，一个多月之前发那4条微博？想过会有这么大的动静吗？

成　龙：没有，没有后悔，这个迟早都会发生的。我知道，因为他们不了解其中的来龙去脉。他们只知道我捐一些老房子,我怎么样有老房子,为什么要捐老房子,讲是讲不明白的。要坐在这边,跟一个人讲上一个小时,还要给你们看图片,你们才知道。如果我只是说,我捐这个老房子,我知道一定被人骂。不如借这个时机,刚刚好,我发一发,我看看回响。

白岩松:当初为什么要连续发这 4 条微博? 是因为你对这件事情在新加坡已经成定局了,告诉大家,还是试探一下仅仅?

成　龙:也已经成定局了,我是去到新加坡,刚刚那么巧,他们新加坡的文物博物馆,要我那一套十二生肖,顺便看一下老房子,看怎么样。他们给我的交代,我一看完非常感动,他们那种保存、维修、电脑扫描,种种,真的看人家,人家真当成宝,摆在那边怎么样去弄好每一个细节。

白岩松:你怎么看待一些网友会说,成龙不是天天说爱国吗,怎么这四栋房子不留国内呢?

成　龙:我觉得我已经尽我某些责任,我做到了,而且我跟新加坡那边讲,希望做一个文化交流,中国文化交流园,这个也是对中西世界文化交流有很大的帮助。不一定是说把东西再拿回来再爱国,不是这样子,我现在不断把文化外放,让人家了解我们中国文化,一定要把一些东西拿出去,但是这些东西不是唯一的国宝,唯一的一定要拿回来。

白岩松:国内有这么多网民不干了,为什么不能拿到国内来,想没想过说话不算数让它重新回来,还是这是根本不可能的?

成　龙:必须留在新加坡,因为我讲话不能退话,我讲过,我给就给,而且我很放心,这四栋房子,在新加坡会保存到永远,他们会保存得很好。

你看他们怎么样去保护他们现在现有的那些文物，非常非常好，我对他们有信心。这10年来，前后超过20年，我这个房子摆在那边，我说怎么办，看见人家给"白蚁"蛀，我没有地方摆，每一次搬迁都是个非常非常大的工程，看着它腐烂，看着它烂，维修，再维修，买的时候没有认为这是一个国宝，我把它头进去，我没有，我是一个很机缘巧合之下买的。

白岩松：20年前？

成　龙：对，买下来的，要听这个起源吗？

白岩松：嗯。

成　龙：起源是我爸爸要回中国，我说回中国你住四合院好，我就跟我的助理，他们先找四合院，找了一个地方又找了一个地方，找了一个地方又找了一个地方。我那个朋友说不如这样，搞一些旧房子，你自己去盖。我说也好。他们说我们帮你找找看。我们找了一栋看看，结果那一栋9000块钱，才9000块钱，但是所有的柱子已经烂了。他说维修没有用，整个房子什么都没有，就有一条主梁。我9000块买了一根主梁。从10万、15万、45万、100多万，前前后后买了十几栋。买了之后在上海搞一个场地，场地之后搬过去洗、刷、维修，多少个月后才维修一栋。完了之后搭起来给我看，再拆下来，画号码，寄到香港给我。那个时候随便寄，寄到香港，香港我没有地方摆，主梁、冬瓜梁、横梁我就摆在一个很好的仓库里，其他那种外木，我就摆在一个很远的地方。就是这样的十几年来，弄一栋搬过来，弄一栋搬过来，现在我还有十栋在香港。现在还有几栋在上海呢，还在那边维修呢。我说几时才维修好，几时才能搞块地给我爸爸。妈妈去也了，爸爸前两年也走了。我说我再不捐出来，我都60岁了，如果不捐，不知道哪天就不在了，那些东西变成废物了。在我有生之年，我希望快点把东西全部捐出来。

成　龙：你看，都烂的。

白岩松：这是最初的样子？

成　龙：对。

旁　白：多年以来，成龙买下的，与其说是徽派古建，不如说是一个个零散的、需要修复的零件。

成　龙：你看看这个凤，每一根我都把它修好，修好之后，你看多漂亮？

旁　白：而这可能与公众认为的，成龙将完好古建赠予新加坡的说法有所出入。

白岩松：其实跟大家理解的可能并不一样，你可能这里是主体的大梁框架等等还是原来老的，但是你要为此新作很多东西。

成　龙：头不见了我就把头补上去，如果这个是樟木的，我还是要用樟木的旧木给它补上去。第一，先把它拆下来，拆下来之后运到上海，堆在那边，堆完以后，一根一根拿出来洗、泡、修，再摆在那边，整栋修好之后，再晾起来给我看。

白岩松：你是否最早想到的是要捐给香港。

成　龙：香港。

白岩松：但是（香港）为什么没接受？我看到（香港）在你发微博后，有一个回应，有几条。一是不能拿老百姓的钱去修这个，等等一些因素，

成

龍的徽州木樓木雕收藏，一直有個粗略的藍圖，捐給香港政府重建一個徽州古屯群，緣於他與去年去世的父親一段深厚的父子情。

二十年前，成龍祖籍安徽的父親常跟兒子說，老了、很想回鄉生活。長者的心事，兒子一直放在心頭，總會到處為父親找尋合適的四合院和老房子，有次，他陪伴父親回到安徽，父親看上的卻是一間破舊的木樓。父慈子孝，成龍便替父親葺修打淨，沒料到破屋漸露出雅緻的風采，正是聞名中外的徽州木建築，從此啟動了成龍熱愛古木的情懷。

二十年前，對於這些逾百年用木材建造的木雕古屋，民間態度正處於「用之無處、棄之可惜」的尷尬狀態，成龍卻逐一把這些木樓運回香港。安徽省人大直到一九九七年才頒布了《安徽省皖南古民居保護條例》開始保護徽派古建築，並於二零零七年頒布禁止出口一九一一年以前的古文物包括安徽木建築，但徽州木樓和木雕門窗及部件等仍可在國內買賣交易，一扇窗可炒賣至數十萬元人民幣。

把七間古木樓運回香港是個龐大的工程，「每一條木都要註明號碼，搬上船，很重，動用幾十人抬，真的搬壞人。我們花了很多心血」。他心裏

最終花落何處？香港會再度錯過嗎？以下是成龍訪問摘要：

旅遊大使，沒想到這次對港府也沒耐性，有否生氣？

我沒生氣，但我不能理解港府為什麼這麼慢，新加坡政府重視文物，而香港的問題在於制度過於傳統，我感到港英政府時期還好一些，現在卻給沒人主動再跟進下去；我又試了很多地方，都無法找到合適的地方，我也不懂管理一個博物館，就寫信給政府官員表達我的計員

揮別香港官僚的迷宮

新加坡擁抱成龍的最愛

成龍為孝敬老父開始收藏徽州木樓木雕，十年前想贈給香港政府，但港府遲遲批不出地來，新加坡乘虛而入，撥地建館收藏。·朱一心

劃，但他們不斷提出，那部分又是另一部門管，層層疊疊，總是見過許多官員，要我取得的什麼也沒有。

官員可貴之處呢？我有信給他們也有圖片，

木樓可貴之處？我有信給他們也有圖片，陸有橫店，而香港呢？我們什

你有向政府官員表明不僅把古建築送贈，也想把拍戲道具放進去嗎？港府會否不明白你的意思？

有。我跟他們說清楚的，說建築群留一間屋給我，放我的東西。我還跟他們說，要留一條門匙給我，我可出入，增減東西。他們一直知道我把心愛的電影資料收藏放進去

官員表明不僅把古建築送贈，還把拍戲道具放進去嗎？港府會否不明白你的意思？

有。我跟他們

前年到新加坡參加一個慈善歌會，和當地官員談起我的中國古建築收藏，叫我回港後寄相片到新加坡，我就寄了，他們看到照片，說，這是寶啊！就立即叫我捐給新加坡，嘩！他們答應包建設施，一星期就回覆撥地。我覺得設在大學裏，很好啊，希望成為中國及新加坡文化的交流中心。

香港赤柱的鄧麗君故居已拆卸，李小龍館也長期建不成，作為國際巨星又是香港人，你有什麼感受？

香港一直不注重文化產業，好多很好的文物也拆卸，朋友來香港，我都不知帶他們去哪裏。現在香港才開始慢慢關注保育文物，我覺得應該保育避風塘，很有特色。若論電影文物，韓國有後山，中國大

痛，立即木不搭。

七間古樓現在怎樣收藏？

我租了貨倉，單是倉租已花了過千萬港元。我每次開倉看，都很擔心，擔心木被蟲蛀，很擔心，但打開來看最多看到面那一層，下面的都看不到。（木樓部件分層疊高）

十年沒有出路，最後你怎麼辦？

在香港一直找不到管道。

群的意味，結果，又沒有下文。

你是一向很正面，又是香港旅遊大使

過海洋公園，我又找想辦法，將來有地再看見美麗木雕，坐車出機場時能近的空地，先搭把七間屋擠在一起，失去古建築

整個制度擊肘，左為難，右又為難，做什麼也給人罵。

怎樣與港府展開長達十年的古木建築捐贈問題？

約十年前，我想找一塊地，把這七間木地，把這七間木樓的國寶古建築搭好，公開讓市民參觀。但我找

過找兩位特首董先生及曾先生幫忙，我說，不如租一塊地給我，結果又沒下文，我又建議建在東九龍，又或青馬大橋附近的空地，先搭涼亭，讓大家看看，怎料有關部門消防署又說安全理由我要搭在古木中灌漿，我聽到就心

證明，我都取得了，包括國家博物館發出的批核。我曾想過先在家裏的花園搭建一個古木

一直有個粗略的藍圖，捐給香港政府重建一個徽州古屯群，「我都跟水舖，並保留一座放我收藏的的徽州古建築已是文物和藝術的無價之寶，而成龍的拍戲道具和生活收藏，也是市民熱切期盼回味的。成龍這些收藏

■成龍：對港府無可奈何

《明報》

拍戲的時候，總會到處為父親官員說了，裏面有商店，有糖

徽州古建築已是文物和藝吧！把這七間木

民參觀。但我找

上亿元古建筑珍藏 成龙捐给新加坡

成龙（小图）收藏的古建筑最少有200年的历史，价值不菲，图为他的部分捐献

第四所大学获赠

洪铭铧　报道

香港国际影星成龙将把他收藏的具有数百年历史、可能总值上亿新元的古建筑珍藏，捐给位于樟宜路上段的第四所大学。

成龙约20年前开始收藏古建筑，藏品大部分源自8间明清两朝的古屋及古戏台，它们有200多年到400多年的历史。

成龙在本地的投资代理管伟强昨天接受本报询问时证实这项消息，但还无法确定捐献的数目。

管伟强说，成龙去年来新时，与他谈到自己的古建筑珍藏时说，原本有意捐给香港政府，但觉得对方反应太慢，管伟强于是建议不如捐给新加坡。管伟强过后特别飞到香港，亲自了解成龙收在香港货仓里的藏品，之后再联系新加坡有关的政府部门，最终成龙决定把这批价值连城的古建筑珍藏捐给即将在2011年开课的新大学。

这所新大学位于樟宜路上段和新加坡博览中心附近，大学将开设设计与建筑、机械工程、商学与资讯科技等核心课程。

管伟强说，成龙之前还在政府官员的安排下参观校址。他说，有关部门排除把这批捐献当作旅游景点，觉得这样意义不大，如果把它当作教育材料放在校园，让建筑系学生研究参考，反而更有价值。

管伟强说，成龙这回决定捐献珍藏给新加坡，是为了替它们找个好归宿。

首先，这种收藏占据地方较大，虽然价值高，但携带不方便，存在着安全隐患，让他一直不放心。管伟强透露，成龙买下位于安徽的古屋，拆下后运到苏州修补，再运到香港收藏，里面的木头都需要不时拿出来晒太阳，精心照顾以免虫蛀。

其次，成龙对新加坡有着特殊的感情。去年他在本地开设全世界第一家自家品牌咖啡厅。当时他说："我也不知道为什么，总觉得对新加坡有特殊感情，因为常来，这里也有我的业务，而且我在本地有两个理想的合作伙伴。"正是因为这种合作与特殊感情，新加坡就成了他的不二选择。

据了解，成龙之所以有这样的收藏爱好，是因为他父亲想回中国住在古色古香的大屋，于是他四处托人看房子，终于买

成龙说："我也不知道为什么，总觉得对新加坡有特殊感情，因为常来，这里也有我的业务，而且我在本地有两个理想的合作伙伴。"正是因为这种合作与特殊感情，新加坡就成了他的不二选择。

下7间明朝和清朝的古屋和一个古戏台。而价值方面，成龙曾说"我想不会有数十亿那么多，数亿（港币）啦！"这期间，成龙为了修复并清洗古木，也花了数千万元港币（1新元约兑5.2港元）。

据中国媒体报道，成龙日前公开他在清水湾片场货仓的珍藏。网上消息指有关藏品是紫檀木，是世界稀有贵重木料之一，素有"一寸紫檀一寸金"的说法。不过管伟强说，成龙收藏的不只是紫檀木品，还有其他珍贵古木。

据中国法律规定，凡是文物要出口，都必须得到政府相关部门的批准，如果成龙的心愿要实现，他和新加坡方面就要先征得中国当局同意。如果这笔捐献最后获通过，它应该是本地学府历来获得的价值最高的物件捐献。

去年，新加坡国立大学的李光耀公共政策学院得到香港首富李嘉诚的一亿元捐款，我国政府又以一元对一元的方式向学院提供资助，学院因此得以成立一个两亿元的永久教育基金，这也是价值最高的金钱捐献。

也包括成龙也说，希望建他的博物馆等等，也觉得不妥，他给出了好几条理由。

成 龙：因为现在我的家本身就是一个旅游景点。每天我的那些日本影迷，全世界影迷，在外面叮咚叮咚，就在敲门。我不如我就做一个旅游景点，把我所有的东西捐出去，我所摆在这边，我可以做一些乡村，十栋房子，可以有一个博物馆，博物馆之后呢，我把所有东西摆在那边，可以参观。我说这个房屋，我已经跟两个特首见过面，喝过咖啡。我说我希望留点东西。我也知道，你给我地会被人家骂，你不给我地也会被人家骂，为什么李小龙不给？为什么梅艳芳不给？为什么张国荣不给？你给成龙。我了解，怎么做都是错，所以最好不做，不做就不错。而且香港你也知道，地小人多，他不可能一下给你15亩。他曾经说在海洋公园给我地。我说晚上我自己一定要进来，当游客走了，我要进来。他说这个不行。我捐了房子我还不行？那我有个办公室都不行？办公室我要看的，办公室我要去换东西。今天换一下，我今天看看有什么东西不对呀，可以换换东西呀。一个月后，他们讲不行。我自己花那么多钱买这个房子，我捐出来，我有一个权利吧。又让成龙基金会自己去申请拿钱来租地，我不懂这些东西。我也跟香港一些官员讲过，也跟政府讲过。我说很可惜，生在香港，成名在香港，香港没有成龙任何一样东西。

白岩松：但是大家肯定就会问，为什么要捐给新加坡？在大陆有的是地方，黄山、浙江这不都向您招手吗？

成 龙：现在向我招手，以前没有。而往往是以前我也尝试过，都没

小龍鄧麗君錢穆？ ·朱一心

香港人失去歷史感、主體性。回歸後，當局仍沒有大方向的文化政策及訂定博物館法，社會也缺乏保護
一脚，鄧麗君故居景物全非，新儒家的聖祥地新亞書院舊址也變成房地產的發展項目。

在香港生於斯、長
於斯的國際巨星
成龍一腔香港情，要
把個人演藝生涯中
的部分道具，以
及私人收藏的
七座價值逾億
人民幣（約合
一千五百萬美
元）的徹派木
雕樓送給香港特
區政府，卻為此
奔波十載無果，沒
有找到一個主管單位
去決策，也沒有一個部門
協助跟進，窺探捐贈無門的背
後，不禁問香港到底怎麼了？

相對於特區政府的漠視，新加
坡和上海卻珍之重之，澳洲、
美國及日本等國家也向成龍招
手。最後，上海及新加坡先拔
頭籌，兩地政府均邀成龍前往
興建收藏館。

這已經不是香港第一次失
寶了，回望這片名人輩出的土
地，卻留不住他們的歷史身
影。李小龍倒全球一角落
的人，電影裏嚴懲種族歧視、
電影外開創世界武術新流派，
他一九七二年離逝至今，紀念
李小龍精神的活動絡繹不絕，
連滾斯尼亞莫斯塔爾也竪立李
小龍銅像，他的故鄉廣東省順
德的李小龍館亦在去年底開
幕，成為全球最大的李小龍博
物館，吸引世界各地小龍迷前
往。而香港的李小龍館卻擾攘
三十六年到最近才漸露曙光。

鄧麗君是紅遍全球的歌后，也
是首位歌手把個人演唱會形式

帶到香港，
離世前的六年，她都在香港
生活，但她的香港故居卻不
幸拆卸，讓她在香港的遺痕
煙飛灰滅。國學大師錢穆創
立的新亞書院原校址，半世紀
滄桑見證海外顯揚新儒家的發
揚，是不少知名學的出身地，
二零零七年就是他承錢
穆的新亞第一屆畢業生，但新
亞舊校亦將隨土地發展而拆
卸，隨風而逝，如今，只有甘
棠第孫中山博物館是香港唯一
的名人博物館。

香港失寶記，正好映射出
香港作為國際大都會的痛苦。
它雖然名廈林立，卻忽視了自
身的文化，也沒重視民眾的集
體回憶，這裏，彷彿成為一個
記憶斷層的都市。從港英殖民
統治走過來，香港至今仍沒有
建立明確的名人文物保育方
向，亦沒有博物館政策和文化
經營策略，文化事業在盲目追
求經濟效益的社會氛圍下，左

右為難，回歸以來這種
短視趨利的價值觀不斷
延伸。一座城市寶貴的是
文化積澱以及人文素養，沒
有文化素養，這座城市的人們
就失去主體性，失去方向。香
港失去主體性的寶藏已然太多，
再次失去之前，是否能們
心自問我們到底還有多
少可以失去，以此喚
醒社會保育名人文物
的深切關注。

成龍在香港爭取
創建一個個人木雕樓博
物館及生活館，已走過
漫長的十年，他給前任及
現任特首建議、寫信、開
會、遞交各種批文，奔走
於不同部門：
談談停

■ 成龍：土生土長的香港人

落实。而且往往是我将要落实的时候才发现人家是以地产项目来把我勾进去。就是成龙什么什么园的，原来我才发现我在这边摆一个成龙园、和平园，旁边他们就有别墅区，将来我一定又会给人家骂，我就退了。有很多地方送地给我，我全部都不要，我都不敢要。

白岩松：为什么是新加坡？

成 龙：我在新加坡买了一些旧房子，不是英式的旧房子，我买来自己投资的。(新加坡) 总理夫人 (跟我说)，谢谢你，你很喜欢老房子？我说，对，我其实还有一些更老的。我这么巧，我都带着。我都给她看，她看完，你能不能给我，看一看，我想想办法。我说好啊。她拿去，7 天后她说，有块地送给你，怎么样怎么样，你想怎么样怎么样。我们负责运输、维修，所有的钱他们给。

白岩松：几年前？

成 龙：应该是 5 年前吧，也是 5 年前的事情。因为那个时候我很急需的，想把我所有东西都捐出去，能给的都给出去。

白岩松：给了你一个很好的方案吸引了你。

成 龙：他们全部派人过来，他们旅游部长，还有文化部长，他们真的是当一回事，所有的文物保护的那些工程人员，全部来香港挑啊，我就挑了四栋我认为不错的。

白岩松：这样老房子的复原，当地的工艺可以吗？还是请大陆的工艺？

成 龙：请大陆工艺，他们读古建的学问很好，哇，你去听听，我都听傻了。他们缺什么，你放心，我们一定会到国内招标，找最好的人来恢复。

■《新警察故事》劇照：演繹警察博神，票房收入高

■《A計劃》劇照：成龍為功夫片開創新劇種

英皇電影

亭，全為明清期間的徽派木雕樓，古樟木建築，手工是幾近失傳的木雕手藝，另有其他計劃捐贈的部分拍戲道具，從美國搜羅回港的五盞戰前上海法租界路燈，他熱情擁抱的單車及家裏的紫檀木傢俬等。成龍說：「香港政府都想搞好香港，只不過要強勢一點，若從贈予香港市民這個角度，若然有些事，對人人都好，又不影響香港，又不影響香港市民，就不要諮詢完又諮詢。」如今糾纏多年說不清，惟有轉贈新加坡，並考慮送贈台灣，將來香港市民想看，就要跨過港海了。

成龍從影四十年，從六十年代在荔園（香港知名遊樂場，已拆卸）及電影裏的《七小福》，《七、八十年代的《醉拳》及《警察故事》到廿一世紀的成龍電影與慈善活動，見證香江半世紀電影歲月，現再加上他個人收藏的木雕樓等，各國都想分得成龍品牌的一杯羹？

上海、新加坡及台灣，都有份參與成龍的收藏捐贈計劃了，但香港呢？最後，是否會一無所有！

成龍原計劃諮詢香港，對人人都好，又不影響香港市民。成龍捐贈木雕樓，以至超過十個部門，由地政局、民政事務局、規劃局、發展局、旅遊發展局等，還需經過立法會諮詢，重重疊疊，有關當局也要分給不同部門作答，這種官僚作風有如熱島效應，造成回歸後各個部門不願承擔任何風險的態度。不過，這只是扼殺成龍博物館的意念，在這城市消失的表面原因，真正的問題還在後頭。

對於成龍事件，香港經濟機遇委員會成員兼進念二十面體行政總裁胡恩威則批評，港府在體制上沒有領大方向的文化局，同時也沒有博物館法，不能幫助本地博物館蓬勃生長。民間開辦一間規模的博物館，無論經驗及管理，其實都需要政府的幫助或資助。

香港曾有過美麗的鄧麗君故居，位於香港南端赤柱山十八號的一條斜巷上，曾開放過一年，為鄧麗君故居博物館，

要求一塊地就像割它一塊肉，但香港仍有很大塊大塊的新界荒廢土地，為何不利用呢？

成龍構思的博物館卻涉及超過十個部門，

民間可以辦博物館嗎？

若沒有政府協助，普羅市民是沒有足夠經驗開創一家具規模的博物館。在香港，成龍找不到願意長期跟進的政府部門，問題出在哪裏？無疑，賣地是香港主要庫房收入，向它

■ 成龍建築的明清古屋的重組圖樣

■ 成龍收藏的上海法租界舊街燈

■ 成龍收藏的明清古建築

旁　白：当新加坡科技设计大学主动向他伸出橄榄枝，并为陈列这四栋古建筑做出周密的考证和环境设计后，成龙被深深吸引了。

白岩松：等于新加坡这个很重要一点是：政府担保，然后落户学校。

成　龙：我不舍得给，我真不舍得给。你看看人家新加坡怎么摆的。他们马上来包装，把它包装好，上车，到了新加坡，大学腾出一个空位，摆这个，一定要有风扇吹着它，在一个大场地，搭一个大库房，把每一根拿出来做记号，再维修，电脑扫描，你看每一个木头，撒上防虫粉，你看他们摆得多漂亮。

白岩松：他们是给了你一个详细的计划。

成　龙：这是他这个园区里头第四所大学。凉亭摆在这，这是学校，这个是戏台，这个另外两栋，就是给学生在里面的，这是他们，应该是明年年底，后年头就盖好了。他们有了这个，大学所有东南亚的学生都不到纽约了，都会全在这个大学，科技大学。

白岩松：新建的。

成　龙：你看，就摆在这边，给学生在这边读书，全世界学生就会看见这个，因为他们有这个（设计），我现在在国内找石雕，新的石雕，送给他们，要做就做全套。

白岩松：让环境更中华。

成　龙：对。

白岩松：现在是否在新加坡已经开始施工了？

成　龙：开始施工了，应该是2014年年尾，2015年就完成了。

白岩松：其实很多人也非常关注这一点，老房子是非常非常多，但它是不是文物，您肯定，您刚才透露过，您专门去咨询过是吧？跟国家的文物局了解，这个东西能不能出去等等。

成 龙：应该不算文物，我这个是一些民居，或者是一些有钱人的，雕花非常的漂亮，我把它维修得更漂亮，应该是一个很好的，很有文化的中国建筑物，我认为，不算文物。

白岩松：接下来人们要关心的是，那四套已经成为定局，在新加坡，那接下来呢，比如媒体会关注成龙可能有十套，其实可能十几套，接下来这几套会落户在哪儿呢？

成 龙：如无意外，这个已经是半年前的事，不是因为网民我再拿回来说。一直在跟北京一个单位谈。如无意外，六栋落户在北京，应该还有两栋落户在上海的某一个地方，应该还有几栋，现在还在谈之中，有两栋我自己留在香港，真的是找一个机会，还是留在香港吧。

白岩松：落户到北京应该比较清晰，究竟它的用途会是什么样？不会像您担心的，旁边弄房地产的。

成 龙：不会不会，我一定不会用这个，是在一个公园那边，作为一个叫成龙公园，一个叫成龙和平园，一个有环保，一个有文化，也不单纯是我自己的一个文物，博物馆吧，各地的一个文化的东西，有人讲课啊。过年的时候可能来倒数敲钟啊，有人来讲书，在一个公园里边，有一个文化公园，我希望把这个公园搞好，在计划中，我不会说是开一个连锁店，这边开一个，那边开一个，不会，那样反而会做得很劣质。我一定会用心把这两个地方搞好。

白岩松：怎么去看待这么多公开希望您把房子放到他们那儿的地方和人。

成　龙：首先我去看看他们有没有把他们本身拥有、现有的文物保护好，或者是摆在一些观光区、多游客的地方给人看，我相信他们一定是，最主要的是他们的用心是什么。古建很多，因为这个是成龙的古建，这是两回事。你看这是成龙的古建，又搞这么大的反响，我看他们那种利用我的多，还是真的是拿出来做事，还是真的是保护文物。

白岩松：成龙收的这十几套老房子，大家自打你发了微博似乎就格外关注了，但是您肯定也会想，中国那么多的老房子，该怎样更好地去保护，你一定也会有你的思考或者答案和建议。

成　龙：建议就是希望各州各省各政府去好好地收，有一笔基金去保护好这些老房子。你去法国小镇、意大利小镇、德国小镇，我们现在这种小镇很少了，已经很少了，都被毁的毁，卖的卖。我收的老房子，我看那照片，你就看一条梁，牛腿已经没了，拆去卖了，那几个，能拆的都给拆掉了。因为我（捐古建）这个行动，引起国内人们的关注，我非常开心，我很愿意做这个古建筑的形象大使，希望更多人去爱护我们这些文物，把现在原有的那些，好好保护它，让所有的民众，外国的旅游者，来到中国，也有我们中国小镇，走在那边，一直走，真的要保持小镇的风貌。

白岩松：投入了几千万在里头，其实自己得不到什么，因为你最后都要捐出去，但是又挨了一顿骂，会不会有委屈？

成　龙：没有，习惯了。

白岩松：习惯了？

成　龙：嗯，习惯了。反正我跟人家讲，岂能尽如人意，但求无愧我心。我现在做任何事情，我没有对不起国家，没有对不起民族的事情，而且我没有任何利益，我做的都是我觉得对的事情。但我觉得对，不一定你觉得对，但我觉得，我做这个事情，我没有违背我自己的良心，我就觉得很开心。这么多年来都是这样，包括我讲话，言行举止，我都会被人家骂，无所谓，我过得很开心，我睡得着，很开心。我捐出去，我求什么今天，我求名吗？不求名。我求钱，我不缺钱。我今天可以背一个行囊，开我私人的飞机，我就走了，我退休了。但我今天不断地还在做，我做得很开心，也被骂得很开心。

附录二　大事记

成龙，1954年4月7日生于香港，原名陈港生，本姓房（名为房仕龙），后因战乱改姓陈，其子房祖名则恢复原房姓。妻子林凤娇是20世纪70年代台湾著名影星。

6岁师从于占元，进入香港的中国戏剧学校学京剧，为"七小福"（其他为洪金宝、元彪、元奎、元华、元武、元泰）之一，艺名"元楼"。

1962年首次接触电影，参演《大小黄天霸》，随后以童星身份出演《梁山伯与祝英台》《秦香莲》等影片。

1971年进入邵氏，在《女警察》《香港过客》等影片中出任武打/特技替身、龙套配角、助理武术指导。期间，使用"陈元龙"一名。

1973年李小龙逝世。香港武打片减产，武师工作机会减少，遂返回澳洲投靠父母。

1976 年经过经纪人陈自强的推荐，被导演罗维看中并起用，返港出演了《新精武门》，正式以"成龙"之名闯入电影圈。随后在罗维执导的一系列根据古龙小说改编或由古龙编剧的电影中担任主角，包括《风雨双流星》《少林木人巷》《飞渡卷云山》《剑花·烟雨·江南》，逐渐为人所知，其顽皮幽默、活泼机警的个性得以培养和表现，为之后成龙电影风格的形成打下基础。

1978 年参演吴思远监制、袁和平执导的功夫喜剧片《蛇形刁手》《醉拳》，获得成功，标志成龙电影时代的到来。

1979 年首次执导影片《笑拳怪招》上映后成绩很好；同年，正式加入嘉禾电影公司。

1980 年自导自演了在"嘉禾"的首部影片《师弟出马》。随后，经邹文怀安排，到好莱坞拍摄了《杀手壕》，这是成龙首次进军国际市场，之后还拍摄了《炮弹飞车》《威龙猛探》等西片，但市场反应平平。

1982 年从美国返港后自编自导自演了《龙少爷》，片中主人公的形象，体现了香港 20 世纪 80 年代年轻人的价值观，使得成龙电影具有了一定的人文深度。

1983—1985 年在洪金宝执导的"福星"系列片(《奇谋妙计五福星》《快餐车》《福星高照》《夏日福星》《龙的心》)中出演"警察"角色，将功夫、喜剧、警匪、枪战、大型特技融在一起，创造出一种全新的电影类型。

1985 年在嘉禾的支持下，成立威禾电影制作有限公司，成为嘉禾投资成立的成本最高的卫星公司，创业作是《警察故事》。凭借其在香港、日本以及东南亚的票房号召力，嘉禾之后成功地将《龙兄虎弟》《奇迹》《飞鹰计划》推向市场。

1985—1992年凭借《龙的心》《威龙猛探》《龙兄虎弟》《飞龙猛将》《双龙会》，成龙电影中"阿龙"系列成了一个子品牌。自20世纪80年代末起，成龙又担当了电影制作人、监制等角色，成为自主把握自己电影风格的"作者"。

1988年12月2日香港电影协会正式成立，任福利部长。

1990—1998年"警察"系列影片开始跨地域拍摄，包括《飞鹰计划》《警察故事Ⅲ超级警察》《红番区》《霹雳火》《警察故事Ⅳ简单任务》《我是谁》，几乎踏遍了五大洲。香港警察的银幕形象也变为国际刑警、超级特工。此外，成龙还尝试更多角色的塑造，逐渐平民化，影片包括《霹雳火》《玻璃樽》，其在创作和制作方面的历练，为其成为国际功夫巨星、电影事业家奠定了坚实基础。其制作精品的态度保证了良好的市场信誉和口碑。

1993年12月，香港演艺人协会成立，任副会长。

1994年《红番区》在美国上映，创下高票房纪录，自此开始在国际市场上占有一席之地。

1997年何冠昌突然逝世，成龙暂时离开嘉禾。同年年底，经过邹文怀的邀请，回巢嘉禾，之后拍摄了《玻璃樽》和《特务迷城》。

2001年离开嘉禾，加盟英皇集团附属的英皇娱乐和英皇电影。

2002年10月30日参加了刘嘉玲"天地不容"声讨大会，向不良传媒表示强烈抗议。

2003 年 8 月成立成龙英皇影业有限公司，该公司主要是制作和销售成龙电影为主，也接受其他的香港电影，已发行《新警察故事》《神话》等影片。

2005 年 1 月与曾志伟、许鞍华等发起"爱心无国界演艺大义演"，为东南亚海啸呼吁香港市民捐款。成龙在种种赈灾活动中，都置身前列，以其慈悲、仁爱的公众形象，出手相助，表达了人道主义关怀，由此得"大哥"之名。

2008 年首次与另一位功夫巨星李连杰合作，拍摄《功夫之王》。

2010 年 6 月 16 日耀莱成龙国际影城在北京开业，成为国内最大的成龙主题电影院。由其主演、好莱坞与中影集团首次合拍的动作片《功夫梦》上映。

2013 年当选为中国政协委员。

2014 年 2 月 14 日当选香港演艺人协会主席。

电影作品年表

1962 年《大小黄天霸》（参演）

1963 年《梁山伯与祝英台》（国语，参演，李翰祥导演、邵逸夫监制，邵氏兄弟有限公司出品）、《秦香莲》（国语，参演，陈一新、严俊导演，林永泰监制，国泰机构有限公司出品）

1966 年《两湖十八镖（上集）》《两湖十八镖（下集大结局）》（粤语，参演，胡鹏导演，陈润监制，大利影业公司出品）；《大醉侠》（国语，参演，胡金铨导演、邵逸夫监制，邵氏出品）。

1971年《冰天侠女》（国语，参演，罗维导演，邵氏出品）、《女英雄》（演员、武术指导）、《广东小老虎》（主演）

1972年《精武门》（国语，客串、特技演员，罗维导演、邹文怀监制、李小龙主演，嘉禾出品）、《香港过客》（国语，客串，刘芳刚、桂治洪导演）、《合气道》（国语，客串，黄枫导演，嘉禾出品）

1973年《女警察》（国语，以艺名"陈元龙"出演，朱牧导演，大地出品，台湾摄制）、《顶天立地》（国语，以艺名"陈元龙"出演、武术指导、朱牧导演，大地出品）、《龙争虎斗》（国语，武师、特技演员，高洛斯导演、邹文怀监制，协和出品）、《小偷斗大贼》（国语，参演，罗棋导演，吴协建监制，富豪出品）、《北地胭脂》（国语，参演，李翰祥导演，邵氏出品）、《刀手怪招》（参演，金鑫导演）

1974年《金瓶双艳》（国语，参演，李翰祥导演，邵氏出品）、《四王一后》（国语、参演，桂治洪导演，邵氏出品，港、意合作）

1975年《花飞满城春》（国语，以艺名"陈元龙"出演，朱牧导演、邹文怀监制，嘉禾/新天地出品）、《金毛狮王》（国语，参演，何梦华导演，邵氏出品）

1976年《新精武门》（国语，主演，罗维导演，罗维出品）、《少林门》（国语，以艺名"陈元龙"出演，吴宇森导演、邹文怀监制，嘉禾出品）、《少林木人巷》（国语，主演、武术指导，罗维导演、陈志华执行导演，罗维出品）、《密宗圣手》（国语，参演，黄枫导演、邹文怀监制，嘉禾出品）、

《风雨双流星》（又名《天杀星》，粤语，主演，罗维导演，罗维出品）

1977 年《剑花·烟雨·江南》（国语，主演，罗维导演，罗维出品）、《点只捉贼咁简单》（粤语，武术指导，陈家荪导演，先锋出品）、《三德和尚与舂米六》（粤语，武术指导，洪金宝导演、邹文怀监制，嘉禾出品），参与纪录片《李小龙的生与死》

1978 年《蛇形刁手》（粤语，主演，袁和平导演、吴思远监制，思远出品）、《醉拳》（粤语，主演，袁和平导演、吴思远监制，思远出品）、《蛇鹤八步》（国语，主演、武术指导，陈志华导演、罗维监制，罗维出品）、《飞渡卷云山》（又名《愤怒的拳头》，粤语，主演，罗维导演 / 监制，罗维出品）、《拳精》（粤语，主演、武术指导，罗维导演 / 监制，罗维出品）

1979 年《笑拳怪招》（粤语，首度执导、鲁江执行导演，主演、编剧，许丽华监制，丰年出品）、《龙拳》（粤语，主演，罗维导演 / 监制，罗维出品）

1980 年《少林木人行》（粤语，主演，陈志华导演、罗维监制，罗维出品）、《师弟出马》（粤语，主演、导演、编剧、武术指导，邹文怀监制，嘉禾出品）、《杀手壕》（*The Big Brawl*，动作指导）

1981 年《炮弹飞车》（*The Cannonball Run*，参演，Hal Needham 导演）、《老鼠街》（粤语，监制，冯克安导演，威拳出品）

1982 年《龙少爷》（粤语，主演、导演、武术指导，邹文怀监制，嘉禾出品）、《迷你特攻队》（主演，朱延平导演，台湾电影）

1983年《A计划》（粤语，主演、导演、编剧，邹文怀监制，嘉禾出品）、《奇谋妙计五福星》（粤语，参演，洪金宝导演、邹文怀监制，嘉禾出品）、《龙腾虎跃》（粤语，主演，陈全导演、罗维监制，罗维出品）

1984年《快餐车》（粤语，主演，洪金宝导演、邹文怀监制，嘉禾出品）、《炮弹飞车2》（*The Cannonball Run II*，主演）、《神勇双响炮》（客串，粤语，张同祖导演、洪金宝监制，宝禾出品）

1985年《警察故事》（粤语，主演、导演、编剧、成家班武术指导，陈自强监制，威禾出品）、《福星高照》《龙的心》（粤语，主演，洪金宝导演、何冠昌监制，嘉禾/宝禾出品）、《夏日福星》（粤语，主演，洪金宝导演/监制，宝禾/宝祥出品）、《威龙猛探》（*The Protector*，粤语，主演、动作指导，James Glickenhaus导演、何冠昌监制，嘉禾出品）

1986年《富贵列车》（粤语，客串，洪金宝导演、何冠昌监制，宝禾/嘉禾出品）、《扭计杂牌军》（粤语，客串、武术指导、监制，钱升玮导演，威禾出品）

1987年《A计划续集》（粤语，主演、导演、编剧、动作指导，何冠昌监制，威禾/嘉禾出品）、《龙兄虎弟》（粤语，主演、导演、武术指导，何冠昌监制，嘉禾出品）、《良宵花弄月》（粤语，参演，楚原导演，威禾出品）

1988年《飞龙猛将》（粤语，主演，洪金宝导演、何冠昌监制，嘉禾出品）、《警察故事续集》（粤语，主演、导演、编剧、武术指导，何冠昌监制，威禾/嘉禾出品）、《霸王花》（粤语，客串、监制、武术指导，

钱升玮导演，威禾／嘉禾出品）、《胭脂扣》（粤语，监制，关锦鹏导演，威禾出品）

1989 年《奇迹》（粤语，主演、导演、编剧、武术指导，何冠昌监制，威禾／嘉禾出品）、《神勇飞虎霸王花》（粤语，又名《霸王花 2》，监制，钱升玮导演，威禾／嘉禾出品）、《说谎的女人》（粤语，出品人，区丁平导演，威禾／嘉禾出品）

1990 年《舞台姐妹》（粤语，监制，午马导演，威禾出品）、《西环的故事》（粤语，监制，午马导演）、《初到贵境》（粤语，客串，刘家勇导演，刘氏出品）

1991 年《飞鹰计划》（粤语，主演、导演、编剧、动作指导，陈勋奇、陈志华执行导演）、《火烧岛》（粤语，主演，朱延平导演，乐达出品）、《西藏小子》（粤语，客串，元彪导演，金鼎／迎滔出品）、《火爆浪子》（监制）、动画电影《美女与野兽》（中文版配音）

1992 年《警察故事Ⅲ超级警察》（粤语，主演、出品人，唐季礼导演）、《双龙会》（粤语，主演，徐克导演，嘉禾出品）、《阮玲玉》（粤语，监制，关锦鹏导演，威禾出品）

1993 年《城市猎人》（主演，王晶导演）、《重案组》（粤语，主演，黄志强导演、蔡澜监制，嘉峰出品）、《超级计划》（粤语，又名《S 行动》，客串，唐季礼导演，苏孝良、董韵诗监制，嘉禾出品）

1994 年《醉拳Ⅱ》（粤语，主演、武术指导，刘家良导演，嘉禾出品）

1995 年《红番区》（粤语，主演，唐季礼导演、董韵诗监制，嘉禾出品）、

《霹雳火》（粤语，主演、动作指导，陈嘉上导演、蔡澜监制，嘉禾出品）

1996 年《警察故事Ⅳ简单任务》（又名《白金龙》《简单任务》，粤语，主演、动作指导／特技指导，唐季礼导演、董韵诗监制，嘉峰出品）

1997 年《一个好人》（又名《义胆厨星》，粤语，主演，洪金宝导演、蔡澜监制，嘉禾出品）、《双龙一虎闯天关》（*Burn Hollywood Burn*，又名《星光龙门阵》，参演，Alan Smithee 导演）

1998 年《我是谁》（粤语，主演、编剧、与陈木胜联合执导、动作导演，董韵诗监制，嘉禾出品）、《尖峰时刻》（*Rush Hour*，主演，Brette Ratner 导演）、《幻影特工》[粤语，监制，马楚成导演，嘉禾（中国）出品]、动画电影《花木兰》（中文版配音）

1999 年《玻璃樽》[粤语，主演、监制、动作指导，与谷德昭、罗耀辉合作编剧，谷德昭导演，嘉禾（中国）出品]、《特警新人类》（粤语，客串，陈木胜导演，寰亚出品）、《喜剧之王》（粤语，客串，周星驰导演，杨国辉监制，星辉海外出品），《成龙的特技》（纪录片，苏志鸿监制）

2000 年《上海正午》（*Shanghai Noon*，又名《龙旋风》《赎金之王》，主演，Tom Dey 导演）、《李小龙：勇士的旅程》（*Bruce Lee, A Warrior's Journey*，纪录片）

2001 年《尖峰时刻 2》（*Rush Hour*2，主演）、《特务迷城》[粤语，主演、监制、成家班动作指导，陈德森导演，嘉禾（中国）出品]

2002 年《燕尾服》（*The Tuxedo*，主演，Kevin Donovan 导演），《无敌成龙》（*The Invincible Jackie Chan*，纪录片，收录了成龙的访问和精彩

幕后花絮）、《功夫片岁月》（*The Art of Action · Martial Arts in Motion Picture*，纪录片）

2003 年《飞龙再生》（*The Medallion*，粤语 / 英语，又名《免死金牌》，主演、动作指导，陈嘉上导演、张坚庭监制，英皇多媒体 / 哥伦比亚出品）、《皇家威龙》（又名《赎金之王 2》《西域威龙 2》，主演，David Dobkin 主演）、《千机变》（粤语 / 英语，主演，林超贤 / 甄子丹导演，英皇多媒体出品）、《龙的深处：失落的拼图》（纪录片，张婉婷导演）

2004 年《新警察故事》（粤语，主演、动作指导、监制，陈木胜导演，成龙英皇出品）、《环游地球八十天》（*Around the World in 80 Days*，主演、动作指导，Frank Coraci 导演）、《千机变 2 之花都大战》（国语 / 粤语，客串，梁柏坚 / 元奎导演，成龙英皇出品）、《大佬爱美丽》（粤语，客串、出品人，冯德伦导演，成龙英皇出品）

2005 年《神话》（国语、粤语，主演、动作导演，唐季礼导演，成龙英皇 / 中影出品）、《精武家庭》（粤语，出品人，冯德伦导演，成龙英皇出品）

2006 年《宝贝计划》（国语 / 粤语，主演、动作导演，与陈木胜、袁锦麟合作编剧，华谊兄弟 / 成龙英皇出品）

2007 年《尖峰时刻 3》（*Rush Hour* 3，主演，Brett Rantner 导演）

2008 年《功夫之王》（*The Forbidden Kingdom*，主演，Rob Minkoff 导演）、动画电影《功夫熊猫》（为"猴王"配音）

2009 年《新宿事件》（粤语，主演、监制、出品人，尔冬升导演）、《建国大业》（国语，客串，韩三平／黄建新导演，中影出品）、《寻找成龙》（国语，客串，方刚亮／江平导演，中影儿童电影制片厂出品）

2010 年《邻家特工》（*The Spy Next Door*，主演，Brian Levant 导演）、《大兵小将》（国语，主演、编剧，丁晟导演，保利博纳出品）、《功夫梦》（*The Kid Karate*，英语／国语，主演，哥伦比亚／中影出品）

2011 年《新少林寺》（国语，主演，陈木胜导演，中影／华谊兄弟出品）、《辛亥革命》（国语，主演，与张黎合作执导，上海东方影视出品）、《杨门女将之军令如山》（国语，监制，陈勋奇导演）、动画电影《功夫熊猫 2》（为角色"猴王"中文配音）

2012 年《十二生肖》（国语，主演、导演、编剧、动作指导、出品人，成龙英皇／华谊兄弟出品）

2013 年《警察故事 2013》（国语，主演，丁晟导演，万达／星光灿烂出品）、《私人订制》（国语，客串、冯小刚导演，华谊兄弟出品）

2014 年《救火英雄》（国语／粤语，客串，郭子健导演，英皇／寰亚／珠影出品）

2015 年《天降雄师》（*Dragon Blade*，国语／粤语，主演、制作人，李仁港导演，耀莱文化／华谊兄弟／上海电影集团出品）

影片获奖记录

1985 年《A 计划》获第 4 届香港电影金像奖最佳动作指导（成家班）。

1986 年《警察故事》获第 5 届香港电影金像奖最佳影片、最佳动作设计（成家班）、最佳电影歌曲。

1987 年《胭脂扣》（成龙监制，威禾出品）获第 24 届台湾电影金马奖最佳女主角、最佳摄影、最佳美术设计；获第 8 届香港电影金像奖最佳电影、最佳导演、最佳电影配乐、最佳电影歌曲。

1989 年《警察故事续集》获第 8 届香港电影金像奖最佳动作指导（成家班）。

1990 年《奇迹》获第 9 届香港电影金像奖最佳动作指导（成家班）；《醉拳》获第 34 届亚太影展最具启发性喜剧片特别奖。

1992 年《警察故事Ⅲ超级警察》获第 29 届台湾电影金马奖最佳男主角。

1993 年《重案组》获第 30 届台湾电影金马奖最佳男主角。

1995 年《霹雳火》获第 32 届台湾电影金马奖最佳动作指导（成家班）。

1996 年《红番区》获第 15 届香港电影金像奖最佳动作设计（唐季礼、成龙）；获第 1 届香港电影金紫荆奖"十大华语片"。

1997 年《警察故事Ⅳ简单任务》获第 2 届香港电影金紫荆奖"十大华语片"；《醉拳Ⅱ》获 Fant-Asia 电影节最佳亚洲影片。

1998 年《我是谁》获第 35 届台湾电影金马奖最佳动作指导。

1999 年《我是谁》获第 18 届香港电影金像奖最佳动作设计（成龙）；《尖峰时刻》获大热门娱乐奖最受欢迎动作搭档奖、MTV 电影奖最佳银幕搭档奖。

2002 年《特务迷城》获第 21 届香港电影金像奖最佳动作设计（董玮、

成家班）；《尖峰时刻 2》获美国儿童选择奖最受欢迎男动作明星、MVT 电影奖最佳打斗奖、第 2 届世界电影特技奖特技表演杰出贡献奖。

2003 年《燕尾服》获美国儿童选择奖最受欢迎男动作演员。

2004 年《新警察故事》获第 41 届台湾电影金马奖最佳动作设计（成龙、李忠志、成家班）、最佳男配角（吴彦祖）。

2005 年《新警察故事》获第 25 届中国电影金鸡奖最佳男主角；获第 10 届香港电影金紫荆奖"十大华语片"。

2006 年《长恨歌》获第 12 届香港电影评论学会奖推荐影片。

2007 年《神话》获第 12 届中国电影华表奖优秀对外合拍片。

2010 年《新宿事件》获第 16 届香港电影评论学会奖推荐影片。

2011 年《功夫梦》获美国儿童选择奖最受欢迎男动作演员。

2013 年《十二生肖》获第 50 届台湾电影金马奖最佳动作设计（成龙、何钧、成家班）；第 32 届香港电影金像奖最佳动作设计（成龙、何钧）；第 15 届中国电影华表奖优秀对外合拍片奖；第九届华鼎奖（4 月 10 日）中国最佳新人奖（张蓝心）、中国最佳电影动作指导奖（成家班）；获两项吉尼斯认证：表演特技最多的演员、一部影片中身兼职务最多的电影人。这也是成龙的第 101 部电影。

从业主要奖项

1982—1989 年连续 8 年获"最佳外国男演员"（Road Show

Magazine，日本／全球）；期间，分获同刊"最佳外国导演"（1985、1986、1988）、"最佳外国动作片导演"（1988）。

1986年9月6日美国旧金山宣布本日为成龙日；同年，获"香港十大杰出青年奖"。

1988年获"世界杰出华裔青年"。

1989年获香港艺术家协会最佳演员、第34届亚太电影节特殊荣誉奖、英国MBE勋章。

1990年获法国艺术与文学骑士勋章、香港 Radio & Television "十大80年代最红影星"。

1991年3月9日美国芝加哥宣布本日为成龙日。

1992年获"世界五位最杰出华人青年"。

1993年获第38届亚太电影节电影杰出贡献奖。

1994—1995年连续两年获"年度最佳男演员"。

1995年美国MTV电影奖终身成就奖、第68届奥斯卡金像奖颁奖嘉宾。

1996年12月6日美国三藩市宣布本日为成龙日；同年，获"终身成就奖"（Asian Cinevision）。

1997年获 Black Belt 年度最佳功夫巨星。

1998年获香港演艺学院荣誉院士、加州圣何塞电影节杰出贡献奖、多元文化电影协会创新奖、登上《时代》封面。

1999年获第三届好莱坞电影节年度男演员、香港动作片展览会荣誉动作大使。

2000 年第 1 届印度国际电影节国际成就奖、国际青年领袖基金会国际终身成就奖、全美中国博物馆世界遗产奖、千禧年传奇奖、勃朗峰文化奖。

2001 年 2 月 28 日美国拉斯维加斯成龙日、11 月 18 日加拿大多伦多成龙日；同年获第 25 届蒙特利尔国际电影节艺术成就奖、年度国际影星、年度之星奖。

2002 年 10 月 4 日好莱坞成龙日、星光大道授星仪式、第八届全美动作设计编排奖项创新奖、亚洲 MTV 最佳灵感奖。

2003 年任香港电影大使、荣誉大使（法国的中国文化年）、北京申奥大使、CCTV 十大感动中国人物。

2004 年获香港"星光大道之星"、联合国儿童基金国际零钱布施大使、哈维·鲍尔的世界微笑基金微笑大使。

2005 年获第 10 届中国电影金凤凰奖杰出成就奖、第 50 届亚太影展评审团特别奖、第 24 届香港电影金像奖专业精神奖、第 8 届上海国际电影节华语电影杰出贡献奖、日本电影业杰出贡献奖。

2006 年获美国国家红十字会名人团会员、凤凰十周年慈善成就奖。

2008 年北京流行音乐典礼特别贡献奖。

2010 年第 54 届亚太电影节杰出成就奖。

2011 年美国人民选择奖最受欢迎动作明星、首届中华艺文奖。

2012 年 8 月 24 日《纽约时报》评选出史上 20 位最伟大的动作巨星，成龙荣登榜首。

资料来源:

中国电影图史编委会《中国电影图史（1905—2005）》，中国传媒大学出版社 2007 年 1 月版；中国电影资料馆《香港电影图志》，浙江摄影出版社 1998 年版；成龙《我是成龙》，陈宝旭、陈玉娟、赵志恒译，时报文化出版企业股份有限公司 1998 年版；香港电影资料馆《港产电影一览(1913—2003)》；蔡洪生、宋家玲、刘桂清主编《当代电影论丛·香港电影 80 年》，北京广播学院出版社 2000 年版；成龙官方网站 www.jackiechan.com；电影网 www.m1905.com；百科百度 www.baike.baidu.com；维基百科 www.zhwikipedia.org；电影资料库 www.imdb.com。

（王止筠整理）

后　记

　　我的老家鲁西南自古崇文尚武，这一带主要流行炮锤、大洪拳、梅花拳等武术样式。记得我生活的老家荣楼村就流行大洪拳，村里的三爷荣本升是武术行的老把式。秋收后的每天晚上，全村的年轻人便聚集在三爷家的大院子里，在他的指导下练习拳脚。我也受这种氛围影响，五六岁的时候便加入到全村的"习武大军"，甚至，有几年对武术的喜爱到了痴迷的程度。20世纪70年代末，改革开放初始，香港的武打电影开始流传到内地。记得我第一次看《醉拳》，便被成龙吸引，尤其电影中被他打得出神入化的那套醉拳深深吸引，成为我偷偷模仿的对象，于是，英武潇洒的成龙自然也成了我人生中的第一个影视偶像。1993年，我到北京读书，后经挫折种种。1998年，是我人生面临重大抉择的一年，我对自己从事的事业产生了严重的质疑，以后的路怎么走？往何处去？我一时举棋不定。一天，我骑着一辆破自行车在北京中关村的大街上闲逛，忽然看到海淀影院正在公映成龙大哥电影的《我是谁》，于是毫不犹豫地走进了影院。电影依然是成龙式的精彩，剧中描写杰克因飞机失事坠地，被非洲当地的土著救起，他因剧烈的碰撞而丧失了记忆，自己的名字、来历皆无所知。他逢人只会问"我是谁"。为了查明自己的身世，杰克一路追寻，历尽艰难终于找回了自己。人在遇到困难的时候，往往因为一件小事或一句话便能解决眼前的困扰。人的一生不都是在寻找自我吗？感谢成龙的电影瞬间让我找回了自己，坚定了自己从事传统文化研究的决心。至今，我依然清楚地记得自己神清气爽地走出影院、信心满满迎接新的生活场景。此后数年间，无论遇到成绩或挫折时，我都会想到成龙的电影《我是谁》，我也不断地诘问自己"我是谁"。真的感谢成龙大哥的电影，从他的诙谐幽默武打中不断给人释放正能量，让人们正视困难挫折，鼓励人们树立"再掘一寸，即见黄金"的信心。我想喜爱成龙电影的影迷大多都有和我一样的认知，但我从来没想到有一天会结识成龙大哥，而且还有机会给幼时的偶像合作。我在本书的引言中已经交代，与成龙大哥结缘多亏了王平久兄！

本书能得以面世，首先要感谢好友王平久兄，是他把我介绍给成龙大哥，并在他的力荐下，成龙大哥将这本书的写作任务委托于我。与平久兄相识于 2002 年，当时他因为策划新疆达瓦孜传人阿迪力在平谷金海湖走钢丝而声名鹊起，而我还是一位画不成形、字不成文的北漂，但平久兄并不以身份识人，十数年相交性情和志趣越来越相投，其间无论为艺和做人都从他身上学到很多，我遇到困难时平久兄也毫不犹豫地伸出援助之手。

　　为了体悟徽州建筑的神韵，又一次麻烦刘涛先生，在他黄山的好友高峰先生安排下，我得以深入体悟徽州建筑之美。

　　感谢成龙大哥的助手谭祖慧老师的襄助！

　　感谢上海王国艇先生，他是一位著名的收藏家，也是中国古建的维修专家，与成龙大哥相交数十年，深得人哥的信任，早期成龙大哥所收藏的古建皆委托于他维修和保管。他不但耐心地接受我的采访，还给我介绍了苏州市楔古营造工程有限公司董事长朱华明先生，当时朱先生正在为成龙大哥捐赠新加坡的古建做维修，他毫无保留地将新加坡科技设计大学古建附件资料全部给了我，极大地丰富了本书的内容。

　　再次感谢为本书的写作和出版给予帮助的师友们！

乙未年寒露荣宏君于北京品一草堂

　　附记：

　　书稿于2015年年底完成后，我将文字稿发给成龙大哥，后根据成龙大哥的建议，将前三章文字作了整理。当时正值大哥将十二生肖复制品捐赠台北"故宫"，我又据大哥提供的资料增写了"再说成龙的上海老路灯情节"和"成龙的十二生肖文物情结"两章。本书的序一"感谢骂我的人"选自大哥与朱墨女士合著的《成龙：还没长大就老了》一书，征得大哥同意作为本书的序，书中的图片除了大哥给我提供之外，也有一部分选自《成龙：还没长大就老了》一书，再次对成龙大哥和朱墨女士表示感谢！